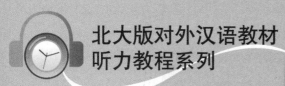
北大版对外汉语教材
听力教程系列

主　编：孟　国
副主编：郭　红　徐家宁
编　者：（以姓氏笔画为序）
　　　　王业奇　王　丽　张迺乐
　　　　孟　国　郝　茵　徐家宁
　　　　郭　红　郭晓玮　梁雪垠

LISTEN TO IT RIGHT——SITUATIONAL CHINESE　ADVANCED

原声汉语
——高级实况听力教程

北京大学出版社
PEKING UNIVERSITY PRESS

图书在版编目(CIP)数据

原声汉语:高级实况听力教程/孟国主编.—北京:北京大学出版社,2008.8
(北大版对外汉语教材·听力教程系列)
ISBN 978-7-301-12762-9

Ⅰ.原… Ⅱ.孟… Ⅲ.汉语—听说教学—对外汉语教学—教材 Ⅳ.H195.4

中国版本图书馆CIP数据核字(2007)第149047号

书　　　　名:	原声汉语——高级实况听力教程
著作责任者:	孟　国　主编
责 任 编 辑:	贾鸿杰
标 准 书 号:	ISBN 978-7-301-12762-9/H·1843
出 版 发 行:	北京大学出版社
地　　　　址:	北京市海淀区成府路205号　100871
网　　　　址:	http://www.pup.cn
电 子 信 箱:	zpup@pup.pku.edu.cn
电　　　　话:	邮购部 62752015　发行部 62750672　出版部 62754962　编辑部 62752028
印 　刷　 者:	北京大学印刷厂
经 　销　 者:	新华书店
	787毫米×1092毫米　16开本　15.25印张　390千字
	2008年8月第1版　2015年6月第3次印刷
印　　　　数:	6001～7000册
定　　　　价:	48.00元(附MP3盘1张)

未经许可,不得以任何方式复制或抄袭本书之部分或全部内容。
版权所有,侵权必究
举报电话: 010-62752024　电子信箱: fd@pup.pku.edu.cn

序

　　为加快汉语走向世界，提高汉语学习的效率，汉语作为第二语言教学法的改革与创新和新教学模式的建立，就成了十分迫切的问题，新教材的研发也必须以教学法的研究为基础和前提。而在汉语教学方法和教学模式的探索中，认真借鉴其他第二语言教学的成功经验又是非常重要的。对外汉语教学是第二语言教学的一个组成部分，第二语言教学的普遍规律原则上也适用于对外汉语教学。但由于汉语与当前第二语言教学理论研究比较发达的印欧语系的谱系关系较远，汉语在语音、词汇、语法，特别是其书面形式——汉字等方面，均与印欧语系语言有很大的不同，因此对外汉语教学在汲取其他第二语言的教学成果时，特别需要考虑自身的特点，需要研究汉语教学的特殊规律。回顾半个世纪对外汉语教学法的发展历程，不难发现我们一直有这样的好传统：即从汉语的特点出发，借鉴国外第二语言教学法流派的长处，并结合我们长期以来行之有效的教学方法，使之适合于汉语教学，并融汇到我们的教学法体系中来。比如20世纪80年代初，我们从新兴的功能法引进了"功能"的教学内容，但并没有全盘照搬早期功能法忽视语言结构教学的做法，而是继续坚持我们一直极为重视和擅长的汉语句型结构的教学，提出了适合汉语特点的"结构与功能相结合"（后来又发展成为"结构、功能、文化相结合"）的教学原则。也正是在这一原则的指导下，我们编写了一批80年代、90年代在全世界广泛使用的汉语教材，履行了作为汉语母语国的教学工作者在帮助世界人民学习汉语方面应尽的责任。

　　孟国教授和他的同事们在长达20年的时间里坚持从事实况汉语教学的试验与探索，并在此基础上推出了这套体现这一教学思路的新听力教材。正如孟国教授所说*，当初正是有感于外国学习者在我们的目的语环境中所学的教材居然不能提供真实、自然的情景和语言，而是"远离社会语言的真实状态"，才决定进行实况汉语教学和教材的研究的。同时，实况汉语教学的研究也受到了

---

* 孟国，2003，关于实况汉语教学的几个问题，《语言教学与研究》第四期。

功能法的影响，特别是它所主张的"真实材料"（authentic materials）教学的影响。所谓"真实材料"就是说母语者在其社会生活中所真正使用的、真实的、自然的语言材料。我们强调对外汉语教学要以学生为中心，以培养交际能力为根本目标，这就首先要保证我们所教的是学生所需要的、在目的语环境中所运用的、活的语言，而不是那种专门规定应该如何说的"教科书语言"，那种为使学生易于掌握而故意简化了的"课堂语言"或是反映了学习者中介语现状的"校园语言"。

孟国教授主编的这套实况听力教程在借鉴功能法主张时，也没有照搬其他第二语言教材的做法。编者们根据多年从事对外汉语教学的经验和研究体会，对真实材料的运用提出了自己的看法，在这套教材的编写中采取了适合汉语教学的方法。以下两点我认为是很有创意的：

首先，本书编者们认为，尽管要强调实况汉语教学的重要性，但它并不能代替其他所有课程的教学，实况汉语最适合的是听力课的教学。因为在语言交际中"听懂一般中国人的谈话不但是必要的，而且是可行的，相当一部分留学生可以达到这一点"，但是要求外国留学生"说一口与中国人无异的汉语是相当困难的，只有极少数出类拔萃者才能做到"。这一看法充分体现了实况汉语教学的研究者们实事求是的科学态度。

第二，对实况汉语教学一般的理解是为了更好地听懂汉语，掌握汉语；而本书的编者们又特别强调了实况汉语教学与掌握国情文化的关系，从"让留学生看到的是中国真实的社会、自然的人们以及每时每刻发生的新鲜事"这一高度，安排实况听力的教学内容。从这套教材的目录可以看到，编者们对教材的内容做了精心的安排，涉及了中国社会生活的方方面面，这就很好地体现了21世纪第二语言教学所特别强调的一项重要目的："体认多元文化"。

在这套教材出版之前，我有机会先粗读了一遍。我感到这是当前我们所进行的教学模式探索中的一个十分重要的课题，也是我们很好地借鉴国外第二语言教学法的一个比较突出的例子。当然，正如编者们所说，这毕竟是对外汉语教学的一门新课型，还有很大的提高空间。编者们用第一个十年完成了第一套教材的编写，用第二个十年完成了这套新的"原声汉语"实况听力教程系列，并得以出版。相信他们还将继续努力下去，使这一教学模式更趋于完善。

刘　珣

于北京语言大学

前　言

　　回顾我们汉语实况听力教学的发展，至今已经有20年的历史了。20年来，我们从油印单张的讲义，到成册的教材，然后几次编写出版汉语实况听力教材，使得这一教学不断更新，不断完善；围绕着汉语实况听力教学，我们发表了十几篇相关的论文，使得这一教学在理论研究上更加深入，更加充分。

　　随着对外汉语教学的发展，人们逐渐地认识到课堂教学使用真实语言材料的必要性和可能性，也出版了一些使用真实语料的阅读类对外汉语教材，但是，在最需要真实语料的听力教学方面，却没有见到更多、更理想的教材。虽然人们对汉语实况听力的教学模式在认识上并没有取得完全的一致，但是作为探索和尝试，汉语实况听力教学至少是值得人们去试一试的。

　　对外汉语教学发展到今天，没有人怀疑在汉语目的语环境学习汉语的种种优势，但如何充分利用汉语目的语环境，搞好我们的对外汉语教学，确实需要我们努力探索，大胆实践。有的留学生到了中国后不会利用汉语环境，教师也缺少必要的指导，每天除了上课，就是在宿舍里看书，这与他们在国内学习汉语没有什么区别。尽管老师很敬业，学生也很努力，他们往往也能够把课上的录音听得很明白，但是离开课堂，离开学校，离开北方大城市，就什么也听不懂了，甚至看不懂电视，听不懂广播。他们能够把练习做得很好，考试成绩也很不错，却不能和一般的中国人进行比较随意的汉语交际。另外一些留学生则完全相反，他们不满足远离语言现实的课堂教学，当他刚刚具备一点点汉语能力后，就对课堂教学失去了耐心和信心，到社会上学习所谓的"马路汉语"，或者找一个中国学生进行一对一的"单打独斗"，虽然学了一些社会上的方言土语，但整体上汉语水平很低。这两种学习都不可能成功，虽然其原因很多，但我们首先还是应该从教学本身找原因。一方面我们的教材远离社会语言的真实状态，另一方面我们的教师往往用那些陈旧的方式，给学生讲练那些过时的、虚假的内容。也就是说我们并没有充分利用汉语目的语环境，并没有营造出一个课堂教学的汉语习得环境。为了改变这种状况，人们往往增加一些由教师组织的参观访问活动。这虽然是必要的，但解决不了课堂教学中存在的根本问题。有的老师在某些课的教学中，偶尔带留学生到真实的交际场合进行一些功能性的练习，如打电话、买东西、寄信等。无疑，这将有利于提高他们的学习兴趣，也会在一定程度上提高留学生的汉语交际水平，但这只能是一种点缀，课堂教学不能天天这样。汉语实况听力教学试图从根本上解决这个问题，改变这种状态，纠正我们上面提到的轻视语言环境和忽视课堂教学的两个极端倾向。于是我们把社会上真实、自然的语言交际编入教材，让学生坐在教室里，看到的、听到的、学到的是当今社会上语言的真实、自然的状态，真正做到教学过程交际化。

  对于教学过程交际化越来越受到人们的重视，人们不满足学习者单纯言语技能的提高，而是把教学目标提升到培养学习者语言交际能力的高度。这是因为作为言语技能的传统的听、说、读、写缺少交际性，而汉语实况听力课，在课堂上学生听到的不是那些十分规范的，非常标准的，录音棚里的录音，而是人们真实、自然的正常的言语交际，因此它具有很强的交际性，是教学过程交际化的一个很具体的实例。

  我们的实况汉语教学与研究得到了有关领导、专家及同行的关注和肯定。北京语言大学的马箭飞教授认为，我们的实况汉语教学是"具有特色、富有新意的""教学模式或雏形"，"提出让学生视听实况材料，培养学生接受真实信息，并直接用于实际生活需要的技能"。赵金铭教授主编的《对外汉语教学概论》也有类似的评价。刘珣教授在南开大学的学术报告中，把汉语实况教学列入对外汉语教学十大模式之一。北京大学的刘颂浩认为，汉语实况听力教学和研究"具有自己独特的研究方法和视角"。北京语言大学速成学院的翟艳则称我们是"既做研究又身体力行的人"，"独自在实践着自己的理论"。

  距离最近一次出版的《汉语实况听力》已经整整十年了，教材的各个方面都应该更新了。这次编写，我们搞成了一个"原声汉语"的系列教材，即《原声汉语——初级实况听力教程》、《原声汉语——中级实况听力教程》和《原声汉语——高级实况听力教程》。本教材的编写坚持了我们一贯主张的三大原则：语料上的"实况"原则，编写上的"先声后文"原则，内容上注重当今"国情文化"的原则。在此基础上，这次编写结合我们多年的教学实际，又做了一些新的尝试和补充，特做如下说明：

1. 教材的难度有一个比较明显的坡度，这是以前我们的教材做得不够好的一个方面。本教材单元的划分，一是考虑难易度，二是考虑语言的特点。不过即使这样，我们仍很难从词汇和语法的角度进行准确的等级切分。

2. 在内容上，中、高级教材各有6个单元，每单元8段录音，大致使用一个学期（每周4课时），而实际上一个学期可能用不完。这主要考虑教学过程中，教师可以根据课时的多少、学生的水平和兴趣而有所取舍。

3. 练习形式丰富多彩，每段设计了三个以上的练习，有一个核心练习，即听录音后的选择或判断。

4. 生词有注音和英文注释，个别的还有汉语注释。考虑到教学过程中可能发生的取舍，生词和注释可能会重复出现。每一段录音都有一个内容提示。

5. 使用多媒体制作技术，录音的质量有较大提高。

本册《原声汉语——高级实况听力教程》是集体智慧和劳动的结晶。本教材由主编孟国制定编写大纲，主持教材编写的各项活动。教材的编写分三个阶段进行：第一阶段是录音的搜集与整理，由孟国、王丽、王业奇、郝茵、郭晓伟、梁雪垠负责，然后由孟国负责录音的筛选、整理和取舍，最后由大家分头进行录音文本的整理。第二阶段是教材的写作阶段，由孟国制定教材的结构框架、篇目安排、写作的具体要求，并做出样篇，然后由大家分头进行初稿的写作。本册《原声汉语——高级实况听力教程》具体写作分工如下：

第一单元：郭　红、梁雪垠　　　第二单元：郭晓玮、徐家宁
第三单元：孟　国　　　　　　　第四单元：王业奇、郭晓玮
第五单元：郝　茵、王　丽　　　第六单元：郭　红、梁雪垠

初稿完成后，副主编郭红、徐家宁负责初审和修改工作，然后由主编孟国对全书进行再审、修改，最后定稿。第三阶段是利用多媒体技术制作CD盘，由张洒乐、孟国、王业奇、郭晓玮等负责。

在本教材编写的各个阶段，我们得到了来自各个方面的支持。在录音搜集工作中，我校李东平老师提供了大量的资料，我院加拿大留学生黎飞（Ritsuko Mcwilliams）审阅、修改了本教材的英译部分，最后，我校齐世和教授对英译部分进行了审核。在录音制作过程中，迟德发、马静、董月凯等老师付出了辛

勤的劳动。徐世英教授悉心审核了全书，在文字方面提出了许多宝贵的意见。我院研究生刘红佳、鲁淑娟、张建勇、宋开封在本书的校对中做了不少工作。特别是北京语言大学的刘珣教授，在百忙之中审阅了全书，并欣然为本书作序。北京大学出版社汉语及语言学编辑室沈浦娜主任给了我们大力支持，责任编辑贾鸿杰老师为本书的出版付出了辛勤的劳动。在此，对以上各位及所有支持、帮助过我们的朋友表示由衷的感谢。

另外，本教材中的大部分实况录音选自中央电视台、中央人民广播电台、北京电视台、天津电视台、天津人民广播电台、广州经济广播电台等电台、电视台播出的相关节目，在此也向以上单位表示衷心感谢。

孟 国

于天津师范大学

目　　录

第一单元　各行各业 ·· (1)
　　第一段　地球村 ·· (1)
　　第二段　关于磷污染 ·· (4)
　　第三段　感动哈尔滨的男孩儿 ··· (7)
　　第四段　广州房地产 ·· (10)
　　第五段　吸烟有害心理健康 ·· (14)
　　第六段　治理白色污染 ·· (17)
　　第七段　一荣一耻 ·· (20)
　　第八段　神童 ·· (23)

第二单元　不同语境 ·· (27)
　　第一段　考博前奏 ·· (27)
　　第二段　考研与文凭 ··· (30)
　　第三段　交通规则与文明程度 ······································· (33)
　　第四段　冯骥才找年意 ·· (36)
　　第五段　山羊与环保 ··· (39)
　　第六段　换手机 ··· (42)
　　第七段　加厚塑料袋儿 ·· (44)
　　第八段　旅行保险 ·· (47)

第三单元　南腔北调 ·· (50)
　　第一段　失学女童——小娥 ··· (50)
　　第二段　远在新疆的上海人 ·· (53)

第三段　哼着歌儿进考场 ……………………………………（ 56 ）
　　第四段　新乡人的等、靠、要 ……………………………（ 58 ）
　　第五段　吃不了兜着走 ……………………………………（ 61 ）
　　第六段　计划生育与老龄社会 ……………………………（ 64 ）
　　第七段　内乡的恐龙蛋化石 ………………………………（ 67 ）
　　第八段　张海恭与无喉人复声班 …………………………（ 70 ）

第四单元　快速汉语 ……………………………………………（ 74 ）
　　第一段　拜年的方式 ………………………………………（ 74 ）
　　第二段　外地小保姆与下岗女工 …………………………（ 77 ）
　　第三段　开花植物的消失 …………………………………（ 79 ）
　　第四段　"分钱"概念 ……………………………………（ 81 ）
　　第五段　说说"不敬业" …………………………………（ 84 ）
　　第六段　父母最赞赏的是什么？ …………………………（ 87 ）
　　第七段　干什么就得吆喝什么 ……………………………（ 89 ）
　　第八段　游遍世界的窍门儿 ………………………………（ 92 ）

第五单元　新闻汉语 ……………………………………………（ 95 ）
　　第一段　爆竹解禁 …………………………………………（ 95 ）
　　第二段　贫困的哲学 ………………………………………（ 98 ）
　　第三段　曝光闯红灯者 ……………………………………（101）
　　第四段　回忆郑和下西洋 …………………………………（104）
　　第五段　保护大象 …………………………………………（108）
　　第六段　马虎的故事 ………………………………………（111）
　　第七段　有偿失物招领公司 ………………………………（114）
　　第八段　女主播与犯罪嫌疑人投案自首 …………………（118）

第六单元　实况话题 ……………………………………………（123）
　　第一段　家教与纳税 ………………………………………（123）
　　第二段　夫妻谈新居 ………………………………………（126）
　　第三段　手机与夫妻关系 …………………………………（129）

第四段　残疾女孩儿——李欢 …………………………………… (132)
　　第五段　感动 ……………………………………………………… (135)
　　第六段　父女之间 ………………………………………………… (138)
　　第七段　博士生与贫困 …………………………………………… (142)
　　第八段　误读中国 ………………………………………………… (145)

录音文本与参考答案 ……………………………………………… (149)

第一单元

各行各业

说明：这一单元我们听到的是来自各行各业的中国人的谈话，内容涉及通讯、环保、房地产、儿童教育、健康、社会公德等方面。本单元涉及到社会生活中的一些专门用语，与《中级实况听力教程》相比，本单元的段落、篇幅逐步增长，内容更为复杂，涉及的行业增多，录音的难度有所提高。本单元的学习重点是要听懂各行各业的中国人的谈话，同时要掌握与本单元录音内容相关的专门用语。

第一段　地　球　村

内容提示：这段录音转录自中央电视台的"焦点访谈"节目，一位北京邮电大学的副教授回忆了他在30年前打长途电话的烦琐过程。通信事业的发展反映了中国社会经济的巨大变化。通过录音中对改革开放前打电话情景的描述，再联系到目前通信事业的发展，我们可以对中国经济的腾飞有更真实的感受。因为谈话人是知识分子，且谈话时间短，发音较清楚，难度不太大。

 **生词**

接通	jiētōng	put through
噪声	zàoshēng	noise
费劲	fèi jìn	require great effort 耗费精力、吃力、困难大。
原动力	yuándònglì	motive power 促使某种力量产生的力。
网	wǎng	net

 注释

1. 长话：即长途电话。和它相对的是市内电话，简称市话。近些年又出现了"公话(公用电话)"、"固话（固定电话)"等新的说法。

2. 扯着嗓门："扯"，"拉"、"牵"的意思，"扯着嗓门"指用所有的力气大声喊叫。如：

(1) 周围太吵了，我不得不扯着嗓门打电话。

(2) 她每天在市场里呆着，所以回家也不自觉地扯着嗓门说话。

3. 依赖于：不能自足或自立而依靠别的人或事物，"于"后面是依赖的对象，常用在书面语中。如：

(1) 你不能总依赖于父母。

(2) 市场经济依赖于成熟的商业规则。

4. 这样子：这是口语用法，书面语要说"这样"，课文中的意思是"因为这样"。

 **练习**

一、听录音，判断下列句子的正误

1. _____ 2. _____ 3. _____ 4. _____ 5. _____

二、听录音后，选择正确答案

1. A. 家里没电话　　　　　　B. 去长话大楼打便宜
   C. 单位电话不能打长途　　D. 当时电话少

2. A. 等了很长时间　　　　　B. 半天才接通
   C. 噪音很大　　　　　　　D. 一直没轮到他

3. A. 心里不舒服　　　　　　B. 很伤心
   C. 身体难受　　　　　　　D. 心里很难过

4. A. 人们都互相合作
   B. 全球都有电话
   C. 全球都可用通信联系起来
   D. 社会进步很快

5. A. 经济建设是通信的重要手段
   B. 经济发展是通信发展的原动力
   C. 通信使地球变成了地球村
   D. 社会进步与通信发展互相支持

6. A. 社会的进步使人们的交流越来越多
   B. 人们的交流越多社会越进步
   C. 信息交流要支持信息网
   D. 信息过程就是人们的合作过程

三、问答与叙述

1. 说说钟教授在1975年打长途电话时的经历和感受。
2. 说说经济发展与通信发展的相互关系。

第二段　关于磷污染

内容提示：环保问题是外国留学生比较关心的话题，本段向我们展示了环保工作的迫切性与艰巨性。录音介绍了磷的危害和目前无磷产品销售不太好的原因。录音开始谈的是磷的污染及无磷洗衣粉的好处，最后则指出无磷洗衣粉不被老百姓接受的两个原因，前后具有很强的逻辑性。本段录音的被采访人分别是环保监测站和化工公司的领导，语速稍快，平均在270字/分钟左右，难度不大。

 生词

水体	shuǐtǐ	body of water 自然界中水的积聚体，如江、河、湖、海等。
疯长	fēngzhǎng	excessively grow 生长的速度非常快，有些不正常。
趋势	qūshì	trend
监测	jiāncè	monitor
逐年	zhúnián	year by year
递增	dìzēng	increase by degrees
误解	wùjiě	misunderstand
成本	chéngběn	cost
上浮	shàngfú	go up 原指向上浮出水面，常比喻价格等向上波动。

 注释

1. 耗掉：即消耗了。这里的动词"掉"如果用在及物动词后边，表示"除去"，如砍掉、吃掉、扔掉等；如果用在不及物动词后边则表示"离开"，如

逃掉、跑掉、蒸发掉等。两者都是结果补语。如：
(1) 这里的大树被砍掉后又种上了很多小树。
(2) 真倒霉，又让他从我眼皮底下跑掉了。

2. 偏高：比一般稍高一点。偏，在本段中是动词，意思与某个标准相比有差距，后面一般跟单音节形容词组成双音节短语，如偏难、偏贵、偏胖、偏甜等，这些短语大多数表示的是不太好的情况。如：
(1) 今年夏天本市气温比往年偏高。
(2) 这次汉语考试题目偏难。

3. 在……影响下：方位词"下"在这里表示条件，句中此结构后边是表示影响后出现的结果。类似的用法还有：
(1) 在这种情况下，任何人都不可能平静下来。
(2) 在他的帮助下，我的成绩有了很大的提高。

4. 接受得了：意思是可以接受、能够接受。与之相反的是"接受不了"。"得/不+了"放在动词后，是可能补语。如：
(1) 这样的电脑只有老张修得了。
(2) 我自己说不了英语，只好请了个翻译。

练习

一、听记者和第一个人的对话，完成下面的填空练习

1. 这位被采访人认为，如果水中的磷 _____ 会造成 _____ 迅速地疯长，耗掉水中的 _____，使水质 _____ 造成 _____。
2. 从这几年的 _____ 来看，水的污染有越来越 _____ 的趋势。
3. 磷的含量在逐年 _____，这与使用 _____ 有很大关系。

二、听记者和第一个人的对话，判断下列句子的正误

1. _____ 2. _____ 3. _____ 4. _____ 5. _____ 6. _____

三、听录音后，选择正确答案

1. A. 磷→水中氧气少→水质恶化→水中植物死亡→鱼虾死亡
   B. 磷→水中植物生长得很快→水中氧气少→水质恶化→鱼虾死亡
   C. 磷→水质恶化→水中氧气少→水中植物生长得很快→鱼虾死亡
   D. 磷→水中植物死亡→水中氧气少→鱼虾死亡→水质恶化

2. A. 环保产品好用
   B. 好用的产品一定环保
   C. 环保产品一定是不太好用的
   D. 又好用又环保的产品还不多

3. A. 无磷洗衣粉比有磷洗衣粉的价格偏低
   B. 无磷洗衣粉在市场上卖得不太好
   C. 老百姓不太相信无磷洗衣粉
   D. 有磷洗衣粉更受欢迎

4. A. 有磷洗衣粉   B. 无磷洗衣粉
   C. 他们自己误解的洗衣粉   D. 价格低的洗衣粉

5. A. 价格偏高，洗涤质量不好
   B. 成本高，使用不习惯
   C. 价格不断上浮，产品不一定环保
   D. 价格偏高，不环保

四、回答与叙述

1. 磷污染的危害主要表现在哪些方面？为什么会有这些污染？
2. 说说无磷洗衣粉在市场上的销售情况及原因。

第三段　感动哈尔滨的男孩儿

内容提示：这段录音录自中央电视台的"共同关注"节目。本段录音一方面介绍了九岁儿童孙慧熙利用业余时间捡废品，帮助贫困儿童的故事，另一方面也谈到了孙慧熙荣获"2005年十大感动哈尔滨人物"的荣誉后，对他的成长产生的影响。听后我们既被孙慧熙的精神所感动，又能理解父母的担忧。本段录音被采访者有一些东北口音，但因为是孩子，发音清晰且语速适中，在260字/分钟左右，难度不太大。

生词

偌大	ruòdà	so big 这么大，那么大。
评选	píngxuǎn	select through public appraisal
出人意料	chū rén yì liào	unexpectedly 跟人们预想的不一致。
当选	dāngxuǎn	get chosen
补丁	bǔding	patch 补在衣服或物件破了的地方的东西。
奋发图强	fènfā tú qiáng	do all one can
废品	fèipǐn	waste 录音中指破旧的、失去原有价值的物品。
朴素	pǔsù	simple
专心致志	zhuān xīn zhì zhì	wholehearted devotion
搜寻	sōuxún	forage
淡泊	dànbó	not seek fame and wealth 不刻意追求、不是非得到不可。
纯真	chúnzhēn	purity 非常真实的、不虚假的。
享受	xiǎngshòu	enjoy

注释

1. 感动：在这里意思是"使感动"。录音中"感动哈尔滨人物"，即使哈尔滨感动的人物。近几年中国各地常常搞类似的活动，如"感动中国十大人物"等。

2. 赢得：获得、争取到，一般指用自己的某种努力得到。宾语常常是胜利、拥护、尊重、荣誉、信任等。如：
(1) 新上任的领导以高度的责任感赢得了群众的拥护。
(2) 他刚到这儿就很快赢得了大家的好感。

3. 不经意间：不注意、不留神的时候。如：
(1) 不经意间一个学期又过去了。
(2) 不经意间发现有个人一直在看着自己。

4. 上电视：这里的"上"指登台或出现在某种重要的场合，另如上台、上场、上演等。"上电视"则指（因为做了什么重要的事而）在电视节目中出现。如：
(1) 他的先进事迹很快传开了，仅半年就上了十多次电视。
(2) 小孩总上电视并不一定是好事。

5. 搭上：在录音中的意思是"附加上"、"在主要的方面以外还需要……"。常用的有"搭（上）时间"、"搭（上）命"、"搭（上）钱"等。如：
(1) 这事不但花钱，还得搭上时间，谁愿意去啊？
(2) 要不是及时刹车，命就搭上了。
(3) 我又搭时间又搭钱的，不都是为了你吗？

练习

一、听录音的前两段，判断下列句子的正误
1. _____ 2. _____ 3. _____ 4. _____ 5. _____
6. _____ 7. _____

二、听两遍录音的后半部分，选择正确答案

1. A. 每天在学校捡废品　　　　　B. 衣着朴素
   C. 捡废品时很专心　　　　　　D. 常出现在哈尔滨的大街小巷

2. A. 上电视后很高兴　　　　　　B. 有名利后就不再努力学习
   C. 认为名利只代表昨天　　　　D. 不那么淡泊

3. A. 别的时间努力学习　　　　　B. 不被别人知道
   C. 像平常一样　　　　　　　　D. 有更多钱帮助贫困小朋友

4. A. 使孩子变得越来越好了　　　B. 担心孩子会失去平静的生活空间
   C. 有利于孩子今后的成长　　　D. 孩子享受到了童年的乐趣

5. A. 孩子不应该平静、平淡地生活
   B. 不希望孩子被媒体和社会过分关注
   C. 孩子不应该捡废品
   D. 孩子毕竟是孩子

三、根据课文内容，解释下列词语

1. 出人意料
2. 奋发图强
3. 朴素
4. 专心致志
5. 淡泊名利
6. 纯真

四、问答与叙述

1. 结合这段录音，说说孙慧熙为什么赢得了那么高的荣誉？他是怎样对待荣誉的？
2. 你觉得孙慧熙的爸爸妈妈的担心有道理吗，为什么？

第四段　广州房地产

内容提示：这段录音介绍了广州房地产的某些动态，业内人士也揭开了开发商喜欢大户型，而大众则喜欢小户型的秘密。开发商出于利润考虑，而老百姓则不得不从实际购买能力考虑。这段录音不长，但生词语不少，并且有相当一部分是近年使用于房地产业的新词新语，对外国留学生来说比较陌生，所以这段录音还是有一定难度的。

 生词

备受	bèi shòu	receive 特别受。
一向	yíxiàng	all along 从某时到现在。
平稳	píngwěn	steady
蠢蠢欲动	chǔnchǔn yù dòng	get ready to make a move 受周围人或事影响也准备做某事，多指不好的事情。
推出	tuīchū	put out 推荐出新的人或产品。
楼盘	lóupán	housing estate 房地产业指能供出租或出售的房屋。
均价	jūnjià	average price
揣	chuāi	hide or carry in one's clothes (have) 放在穿着的衣服里，这里泛指拿着、拥有。
大相径庭	dà xiāng jìngtíng	have a wide gap, be very different 相差很大、很不一致。
业内人士	yènèi rénshì	people of one industry 本行业以内的人，了解行业内情况的人。
奥秘	àomì	mystery

开发商	kāifāshāng	developer 这里指专门找地方修建楼房然后出售的人。
配套	pèitào	form a complete set
提升	tíshēng	raise 提高、增加。
出让	chūràng	sell (one's own things) 出卖或转让自己的物品或财产（多指非经营性的）。
豪宅	háozhái	luxury home

 注释

1. 大户型、小户型：是房地产业的术语。大户型指一套房子的总面积较大，而小户型则指一套中的每个房间面积都较小、总面积也不大的套房类型，大约在90平方米以内。

2. 八成：有时作数词，指十分之八，表示这个意思时数词"一"到"十"都可以这么说，即"一成、二成……十成"；有时是副词，表示推测，相当于"大概"或"多半"。这里指前者。两个意思都很常用。如：
(1) 任务已经完成了八成。
(2) 好几天没见他的面，八成是出差了。
(3) 这件事我可没有十成的把握。

3. 首付：是中国目前贷款买房时先付的一定比例的现金（一般是20%左右），其余部分可向银行贷款后在规定时间内还清。

4. 羊城：指广州。相传周夷王时，有五位仙人骑着口含谷穗的五只羊飞临广州，把谷穗赠给广州人，祝愿广州永无饥荒，然后，仙人腾空而去，羊化为石，故广州又叫羊城、穗城。现在广州市的"五仙观"即为纪念五位仙人所建。

5. 远大于：这里的"远"表示差距大，即大大超过、绝对超过。有时也可说"远远大于"。类似的还有"远高于、远多于、远不如"等。如：
(1) 今年的产量远远大于去年。
(2) 他的成绩远高于大家想象的。
(3) 那里的生活条件远不如城市。

6. 钟情于：对某人或某事物有特别深厚的感情。多用于书面语。如：

（1）他很早就钟情于那个姑娘了。

（2）你为什么如此钟情于这项研究呢？

练习

一、听录音，判断下列句子的正误

1. _____ 2. _____ 3. _____ 4. _____

5. _____ 6. _____ 7. _____ 8. _____

二、听录音，选择正确的答案

1. A. 占新推出楼盘的80％

   B. 成本高

   C. 均价7000元每平方米

   D. 面积在90平方米以上

2. A. 仅够首付

   B. 买不了小户型

   C. 连大户型的首付都不够

   D. 不够小户型首付

3. A. 需要的人多

   B. 配套装修好

   C. 服务好

   D. 间隔墙、厨房、卫生间多

4. A. 利润较高

   B. 面积大

   C. 成本高

   D. 需求量大

5. A. 整个楼盘都建成大户型
   B. 小户型房间较多
   C. 大户型配套较好
   D. 大户型成本低、利润高

6. A. 在合同中规定套数
   B. 增加政府收入
   C. 禁止大户型的开发
   D. 使房地产开发适应大众需要

7. A. 厨房和卫生间多
   B. 经济实惠
   C. 套数少
   D. 政府支持

三、根据课文内容，解释下列词语

1. 首付
2. 大相径庭
3. 大户型、小户型
4. 豪宅

四、回答与叙述

1. 结合录音谈谈大户型和小户型的不同之处。
2. 说说政府注意到了什么问题，打算怎么解决？

第五段　吸烟有害心理健康

内容提示：这段录音选自中央电视台的"焦点访谈"节目，一位妇女问题专家在介绍一位美国女记者对女性吸烟者所做的调查结果，即"女性吸烟多数是出自她们心理的需要"。这段录音虽是实况，也有背景音，但语速适中，条理清楚，发音也较标准，只是语气词较多，如"呢"、"吧"等，实际上，这也是一种口头语，难度并不大。

 生词

好奇	hàoqí	cuirious 对陌生的人或事物感到新奇。
迷茫	mímáng	confused 迷惑、不清楚。
妓女	jìnǔ	prostitute
掩饰	yǎnshì	conceal 用某种方法把感情、错误或缺点等藏起来。
羞耻	xiūchǐ	shame
填补	tiánbǔ	fill up
空虚	kōngxū	empty
陷入	xiànrù	fall into 被某种不利的情况深深吸引。
松弛	sōngchí	relax 放松、不再紧张。

 注释

1. 进行：后面可以带动词作宾语，后面的动词是双音节的，组成四字短语，如进行教育、进行批评、进行揭露等。能做"进行"的宾语的动词不能再带宾语。如果在语义上需要指出动作的对象，可用介词"对"来引进。用"进行"带动词宾语时有庄重色彩。如：

(1) 我们对这一问题进行了全面的考察研究。
(2) 公安局对这些人进行了说服教育。

2. 出自：也说"出于"，意思是"来源于"、"从（某时、某地）产生"。如：

(1) 这件文物出自汉代。

(2) 我的这些话是出自内心的。

3. 一些个：北京口语词，用法和"一些"、"些"相同。

4. 工作狂："狂"，指对某事过分投入，甚至达到了疯狂的程度。"工作狂"即把全部精力都投入到工作中而不顾其他任何事情。类似的用法还有"杀人狂、妄想狂、虐待狂"等。

一、再听两遍录音后，选择正确答案

1. A. 女性吸烟危害更大
   B. 女性吸烟多数是心理需要
   C. 女性吸烟者越来越多
   D. 女性吸烟可以减轻心理疾病

2. A. 妓女　　　　　　　　B. 少女
   C. 离婚妇女　　　　　　D. 家庭妇女

3. A. 少女
   B. 从事低等职业的女性
   C. 婚姻不如意的女性
   D. 陷入工作狂状态的女性

4. A. 家庭妇女
   B. 妓女
   C. 少女
   D. 从事低等职业的女性

5. A. 妓女
   B. 婚姻不如意的女性
   C. 陷入工作狂状态的妇女
   D. 少女

6. A. 吸烟有害健康
   B. 请勿吸烟
   C. 吸烟与女性
   D. 吸烟有害女性的心理健康

二、听录音后，判断下列句子的正误
1. _____ 2. _____ 3. _____ 4. _____ 5. _____ 6. _____

三、听两遍录音后，根据录音内容填空
1. 美国记者林娜专门对一些 _____ 进行了调查，调查的结果是女性吸烟 _____。

2. 琳娜把吸烟的女性分为 _____ 种人。其中第一种是 _____，她们吸烟是因为对未来的生活和世界 _____；第二种是 _____，她们吸烟是为了掩饰自己的 _____；第三种是婚姻 _____ 和 _____，她们吸烟是为了填补 _____；第四种是 _____ 状态的女性，她们吸烟是想 _____。

3. 这些人通过吸烟没有 _____，相反，在吸烟过程中 _____ 加重了。

四、问答与叙述
1. 结合这段录音，说说女性吸烟者的几种情况。
2. 琳娜的调查说明了什么问题？

第六段　治理白色污染

内容提示：本段录音是记者对国家环保总局领导采访的一个片段。国家环保总局领导对一次性塑料制品，即白色污染的危害及对白色污染的处理情况进行了比较通俗的介绍，指出了我国在治理白色污染方面目前还存在的问题。被采访人是擅长对大众讲话的政府官员，谈话语速不快，发音也比较清楚。这段录音的主要难点是一些谈话细节的把握，以及一些与环保有关的生词语。

 生词

体积	tǐjī	volume
加工	jiāgōng	process
销路	xiāolù	market
回收	huíshōu	collect for recycling 把废旧物品收起来再利用。
分解	fēnjiě	decompound 把事物的各组成部分分析出来。
日晒雨淋	rì shài yǔ lín	expose to nature 被太阳晒、被雨淋，指在自然状态中无人管理。
若干	ruògān	a number of 一些（不定数）。
填埋	tiánmái	bury 把废弃的东西埋在地下。

 注释

1. 一次性：即只使用一次就扔弃，目的是讲究卫生，但对环保不利，并且浪费资源。主要有一次性餐盒、一次性筷子、一次性纸杯、一次性牙刷、一次性拖鞋、一次性注射器等。

2. 即使：表示假设或让步的关联词，常与"也"、"还"等副词搭配使用。

口语中常用作"就是……也"。包括两种情况，一种是前后两部分指有关的两件事，前面表示假设，后面表示结果或结论不受这种情况的影响。如：

(1) 即使说错了也不要紧。

(2) 即使再晚一小时出发也还来得及。

文中指另一种情况，即前后两部分指同一件事，后一部分表示退一步的估计。如：

(1) 即使下雨也不会太大。

(2) 电影票即使有也不多了。

3. 恰恰是：用在正反对比的句子里，加强肯定的语气。如录音中把塑料与能分解的物质进行对比，强调它的不能分解的性质。如：

(1) 把事情搞糟的不是别人，恰恰就是你自己。

(2) 平时他很准时，可恰恰是今天他却迟到了。

4. 加以限制："加以"一般用在书面语中，是个形式动词，多用于双音节动词前，表示后面的动词对前面提到的事物施加某种动作，后面动词支配的事物或对象常常在前面。"加以"前面如果用副词，多是双音节的；单音节副词后面往往不能用"加以"，而能用"加"。如：

(1) 这些问题要是仍不加以解决，以后会越来越麻烦的。

(2) 大家的建议我们一定加以认真考虑。

(3) 你一个人出去要多加小心。

一、听两遍录音后，根据录音内容填空

1. 一次性塑料制品，它的 _____ 很轻，_____ 也很大，_____、_____ 都很困难。

2. 塑料的性质很 _____，就是说它与 _____ 相比，自然状态下 _____ 或者埋在 _____ 里，就会长期的 _____。

3. 现在我们国内的生活垃圾以 _____ 为主要的处理方式，而如果长期这么不加以 _____ 发展下去，将来就很难再找到地方 _____。

二、再听两遍录音后，选择正确答案

1. A. 重量轻 　　　　　　　B. 性质不稳定
   C. 不易分解 　　　　　　D. 体积大

2. A. 需要清洗 　　　　　　B. 还需要人力
   C. 成本太高 　　　　　　D. 加工困难

3. A. 以填埋为主 　　　　　B. 有限制
   C. 很难处理 　　　　　　D. 回收

4. A. 很难回收和加工 　　　B. 生活垃圾增多
   C. 很难收集和运输 　　　D. 破坏环境

三、听录音，判断下列句子的正误

1. _____ 2. _____ 3. _____ 4. _____ 5. _____ 6. _____

四、根据录音内容，解释下列词语

1. 一次性
2. 销路
3. 生活垃圾
4. 分解
5. 日晒雨淋

五、问题与叙述

1. 为什么一次性塑料制品有如此大的危害？
2. 结合录音说说目前我国对一次性塑料制品的主要处理措施。

第七段 一荣一耻

内容提示：这段录音对比一件光荣的事和一件可耻的事，具有鲜明的好恶感。在这里，既有助人为乐的新风尚，令人欣慰，又有给精神文明增加污点的现象，令人唾弃。这段录音不太长，但语速较快，有一定的难度。

 生词

一荣一耻	yì róng yì chǐ	a glory and a shame
鲜明	xiānmíng	striking
未及	wèijí	without time to 还没来得及。
水塘	shuǐtáng	pond
不慎	búshèn	carelessly
情急之下	qíngjí zhī xià	under urgent circumstances 在紧急情况下。
避免	bìmiǎn	avoid
搭载	dāzài	give/get a lift 顺便运送某人或某物。
赖账	lài zhàng	go back on one's word 原指欠债不还或不承认欠下的债，常比喻不承认自己说过的话。
害	hài	harm 使蒙受损失或招致不良后果。
苦果	kǔguǒ	negative consequence 比喻令人痛苦的或坏的结果。
可耻	kěchǐ	shame

注释

1. 令人……的是：中间是表示心理感觉的动词，后面指出让人产生这种感觉的具体情形。如：
(1) 令人高兴的是，这次考试他的成绩提高了很多。
(2) 令人担心的是，这种手术的成功率并不高。

2. 一走了之：走，在这里是"离开"的意思。"一走了之"指用逃走的方式解决问题，结束这件事。了之，结束了这件事。如：
(1) 这事还没商量出结果呢，你不能一走了之。
(2) 他把这儿弄得乱七八糟，留给了别人，而自己却一走了之。

3. 以……为由：用某事作为借口来做或不做某事。如：
(1) 他以身体不舒服为由，拒绝了我们的邀请。
(2) 他以检查工作为由，看到了一些别人的材料。

4. 摩的：是相对于"面的"、"轿的"说的，指专门经营运送客人的摩托车。

5. 翻脸不认账：一转脸就不承认自己做的事或说过的话。

6. 明知：明明知道，后句常用"还"、"就"、"偏"、"却"等词，表示现象或道理显然如此，但事实上却出现了与"明知"后相反的言行。在人们的交际中"还"、"就"、"偏"等词后边的内容有时省略。如：
(1) 明知山有虎，偏向虎山行。
(2) 自己明知不对，可就是不改。
(3) 他明知我身上没钱了（却偏让我陪他逛街）。

练习

一、听录音，判断下列句子的正误
1. _____ 2. _____ 3. _____ 4. _____ 5. _____ 6. _____

二、听录音，选择正确的答案
1. A. 刘先生救人　　　　　　B. 有人赖账
　 C. 摩的搭载　　　　　　　D. 一荣一耻对比鲜明

2. A. 被救的母子一走了之　　B. 落水者死亡
   C. 跳进湖里　　　　　　　D. 遗憾

3. A. 不知道这是违法的　　　B. 顺路
   C. 可怜他们　　　　　　　D. 没办法

4. A. 身无分文　　　　　　　B. 他们知道司机违法
   C. 提前说好的　　　　　　D. 他们想赖账

5. A. 认为他可怜　　　　　　B. 认为他活该
   C. 认为他违规可耻　　　　D. 认为他知法犯法

三、听两遍录音后，根据录音内容填空

1. 深圳的刘先生正在_____，看到有人落水，马上_____，把母子俩救上了岸，避免了一场_____，他觉得很_____，觉得自己给儿子做了一个_____。

2. 惠州的那对男女以_____为由，恳求摩的司机送他们回深圳，说到深圳后再_____。可到了深圳以后两人_____，害得司机连_____都没有了，只好_____走了四个小时。

四、根据课文内容，解释下列词语

1. 做榜样
2. 搭载
3. 赖账
4. 翻脸不认账

五、问答与叙述

1. 叙述一下一荣一耻两件事。
2. 通过这两件事情，谈谈社会公德问题。

第八段 神 童

内容提示：这段录音选自中央电视台的谈话节目，是对一个中国"神童"的采访。从谈话中我们知道，他学习各种知识都比一般儿童早得多，在小学、初中读的时间都比一般儿童时间短。然而，录音最后也道出了神童的苦恼，其实他也希望像普通人一样自由自在地生活。这段录音较长，语速稍快，约270字/分钟，有一些口语常用语，加上部分内容有点乱，所以难度较大，建议听录音时做些记录。

神童	shéntóng	child prodigy 异常聪明的儿童。
解方程	jiě fāngchéng	solve equation
方程式	fāngchéngshì	equation 即方程，数学上指含有未知数的等式。
神奇	shénqí	miraculous, amazing 不容易想到的、奇特的。
通俗易懂	tōngsú yì dǒng	simple and easy
考察	kǎochá	test
汗颜	hànyán	feel deeply ashamed 文言用词，满脸出汗，形容羞愧。
轮番	lúnfān	take turns 紧张地轮流交替。
科目	kēmù	subject
认定	rèndìng	authorization 确定，作出肯定性结论。
象棋	xiàngqí	Chinese chess

| 张海威 | Zhāng Hǎiwēi | 人名 |

注释

1. 就是比别的孩子好："就是",在本文中表示强调肯定某种性质或状态,后面跟动词或形容词。如:

(1) 那家伙就是让人讨厌。

(2) 他分析得就是清楚,大家一听就明白了。

2. 自己夸自己:自己说自己好。中国人认为这样不好、不谦虚、不容易让人相信。歇后语"王婆卖瓜——自卖自夸"说的就是这种情况。

3. 越听越冒汗:用在不同的句子中表示紧张、吃惊、害怕等不同的反应。这里指越听越觉得神奇。如:

(1) HSK听力如果第一个听不懂就容易紧张,越听越冒汗。

(2) 黑暗中有一种奇怪的动物叫声,他越听越冒汗。

4. 涉及到:牵扯到、关联到,指出跟某事有关系的人或事物。如:

(1) 这件事涉及到集体的利益,请大家认真考虑。

(2) HSK涉及到汉语语音、词汇、语法等各方面的知识,综合性较强。

5. 跳级:指特别优秀的学生越过本应经过的年级,而进入更高的年级。

6. 下不过:这里指下象棋等赢不了对方。

7. 下成平手:这里指下象棋时双方分不出胜负的结果。类似的还有打了个平手、踢成了平手、赛成了平手等。

一、听两遍录音后，填写下列表格

年龄	活 动 内 容
	表现出与别的孩子完全不一样
4 岁	
	自学高中物理和化学
	上小学
8 岁	
10 岁	
13 岁	
	跟大人下象棋

二、听两遍录音后填空

1. 两岁的时候他就认识了 _____ 多个汉字，四岁的时候他觉得 _____ 比 _____ 有意思。

2. 他觉得自己六岁就看得懂高中物理和化学，一是因为 _____，二是因为那些书写得 _____。

3. 这个孩子觉得做 _____ 比做 _____ 好。

三、听录音的前半部分，判断下列句子的正误

1. _____ 2. _____ 3. _____ 4. _____ 5. _____

6. _____ 7. _____ 8. _____ 9. _____ 10. _____

四、听录音的后半部分，选择正确答案

1. A. 涉及到六门课

   B. 考了半个钟头

   C. 他用了快速计算法

   D. 有六个老师考他

2. A. 三年 B. 两年
   C. 一年 D. 半年

3. A. 数学、物理、地理、化学、语文、历史
   B. 语文、数学、历史、化学、物理、地理、高考卷
   C. 数学、化学、地理、物理、政治、语文
   D. 语文、政治、数学、化学、历史、地理

4. A. 五岁就能下得很好
   B. 比父亲下得好
   C. 六岁时就能和邻居下棋
   D. 邻居们都下不过他

5. A. 物理和化学 B. 下棋
   C. 算数学题、背唐诗 D. 写汉字

6. A. 要学的东西太多
   B. 过得不如别人好
   C. 考试太多
   D. 压力太大

四、问答与叙述

1. 结合录音说说这个神童的神奇之处。
2. 说说他升初中时考试的情况。

第二单元　不同语境

说明：这一单元取自不同的生活片断。这些片断反映了中国人生活的各个方面，生动真实，因此我们把这一单元称为"不同语境"。当然，我们在学习本单元时也会遇到一些麻烦，比如，有些被采访者语速较快，被采访者稍带方音，背景音嘈杂等等。但是，这些麻烦对学生来说不能认为只有不利的一面，通过训练，学生会慢慢适应，从而帮助学生更快地听懂原汁原味的汉语。

第一段　考博前奏

内容提示：本文是一段采访录音，被采访者是旅店服务员和考博的学生。他们谈话的内容是考生考博前的住宿、学习和生活安排问题。因为是采访录音，内容比较口语化，也出现了个别不太合语法的情况，例如"因为……其实我来三天"等。本段录音语速适中，比较清晰。

 **生词**

考博	kǎo bó	entrance examination for doctorate study
报考	bàokǎo	register for an examination
陆续	lùxù	in succession
爆满	bàomǎn	crowded 这里指客人多得住不下。
低廉	dīlián	cheap
平摊	píngtān	divide
承受	chéngshòu	handle
心态	xīntài	mentality
调整	tiáozhěng	adjust
热门	rèmén	popular
随机	suíjī	randomly
精打细算	jīng dǎ xì suàn	pinch pennies 使用人力、物力时精心细致地计算、计划。
开销	kāixiāo	spending

 注释

1. 一时间：指很短的时间里，有"突然"的意思。常用于在已经过去了的一个很短的时间内，发生了重要的或意想不到的事情。"一时间"与"一时"不同，"一时"指一段时间。如：

(1) 一阵大风之后，一时间电闪雷鸣，下起了倾盆大雨。

(2) 大家都没想到玛丽期末考试考了第一名，一时间玛丽成了新闻人物。

2. 招待所：机关、学校、厂矿等所设，接待宾客或所属单位来往的人住宿的处所。现在有些小型的旅馆也叫招待所。

3. 干脆：副词。表示动作行为不犹豫，不拖泥带水，直截了当。如：

(1) 这件事你们都别管了，干脆我自己来吧。

(2) 不要给他打电话了，我们干脆去他家算了。

4. 笔：在这里是量词，表示款项、债务、生意等与钱有关的事物。如：

(1) 我已经欠好几笔账了,得想办法还上。

(2) 我们公司与那家公司合做了一笔不小的生意。

一、听两遍录音后,选择正确的答案

1. A. 考博的人太多　　　　　　B. 招待所环境好
   C. 招待所价格便宜　　　　　D. 招待所离学校近

2. A. 200元　　　　　　　　　　B. 100元
   C. 50元　　　　　　　　　　 D. 15元

3. A. 找一下考试地点　　　　　B. 担心没有住的地方
   C. 调整心态　　　　　　　　D. 可以复习复习

4. A. 省吃俭用　　　　　　　　B. 选择价格低的宾馆
   C. 住进同学的宿舍　　　　　D. 精打细算

二、再听一遍录音,判断下列句子的正误

1. _____　2. _____　3. _____　4. _____
5. _____　6. _____　7. _____　8. _____

三、问答与叙述

1. 简单说一下考博学生的住宿情况。
2. 谈谈考生是怎样精打细算的。

第二段　考研与文凭

内容提示：本段录音是电视谈话节目的片段，他们谈论的内容是考研与文凭，也是当前很热门的话题。录音中的嘉宾（2）是位外国人，他的汉语水平很高，说话很流利，而且表达也很清晰。几个人的说话语速都适中。因为是谈话节目，所以谈话人的发言没有一定的顺序，要注意每个人的主要观点。

考研	kǎo yán	entrance examination for graduate school
文凭	wénpíng	diploma
冲动	chōngdòng	impulse
自学	zìxué	self-study
牵扯	qiānchě	affect 和某事发生关联。
独行侠	dúxíngxiá	an independent person who disregards others, does what he likes 比喻总是按自己的意志独自处事的人。
尊重	zūnzhòng	respect
学位	xuéwèi	degree
硕士	shuòshì	master
志在必得	zhì zài bì dé	be in the bag

| 王野斌 | Wáng Yěbīn | 人名。 |
| 李　楠 | Lǐ Nán | 人名。 |

注释

1. 老板：多指私营企业的所有者，过去也常指著名的戏曲演员。录音中的"老板"是"老板"最新的一个意思，指研究生导师。这一用法在理工类研究生中使用较为普遍。

2. 万一：这里是连词，表示可能性极小的假设，多用于不如意的事。如：
(1) 万一今天下雨了，我们怎么办？
(2) 我们要做好准备，不怕一万，就怕万一啊。

3. 功亏一篑：一件事情只差最后一点儿人力、物力或努力不够而没有成功。有让人惋惜的意思。如：
(1) 这次试验开始时挺顺利的，可谁料最后竟然功亏一篑了。
(2) 现在我们千万不能泄气，不然就会功亏一篑。

4. 饭碗：原来指盛饭的碗，后来也用来比喻职业。如泥饭碗、铁饭碗、金饭碗。录音中分别指的是不太固定的、稳定的、收入高待遇好的职业。如：
(1) 我们工作一定要努力，千万不能丢了饭碗。
(2) 以前有"铁饭碗"，老子有工作儿子就不愁没有工作。

 练习

一、听两遍录音后，选择正确的答案

1. A. 他不喜欢校园
   B. 他觉得校园环境不好
   C. 他习惯了自学这种方式
   D. 他觉得大学浪费时间，牵扯精力

2. A. 他选择了自学   B. 他不喜欢校园
   C. 他的能力很强   D. 他喜欢武术

3. A. 工作   B. 念第二学位
   C. 读硕士研究生   D. 当老板

4. A. 当老板　　　　　　　　B. 读硕士研究生
　 C. 工作　　　　　　　　　D. 搞研究

5. A. 容易骄傲　　　　　　　B. 很有自信
　 C. 很有耐心　　　　　　　D. 做事犹豫

6. A. 第一次　　　　　　　　B. 第二次
　 C. 第三次　　　　　　　　D. 第四次

二、再听一遍录音，判断下列句子的正误

1. _____　2. _____　3. _____　4. _____　5. _____

三、根据录音最后一段主持人的话填写下列表格

泥饭碗		
	文凭	
		终生受益

四、问答与叙述

1. 你怎么看待考研与文凭？
2. 分别说说王野斌、常先生和李楠的情况。

第三段　交通规则与文明程度

内容提示： 大家都知道，行路时应该遵守交通规则，可是我们在行路时是不是都严格地遵守交通规则呢？本段录音讲述的就是遵守交通规则的事情。记者采访了交通局的负责人，也采访了违反交通规则的司机。本段录音语速适中。由于是对话型，所以要注意被采访者的回答。

 生词

违反	wéifǎn	disobey
意识	yìshi	conscious
违章	wéi zhāng	disobey rules and regulations
寒碜	hánchen	woebegone 不光彩、丢人；外貌不好看、丑陋。
威胁	wēixié	threaten
信号灯	xìnhàodēng	traffic light
机动车	jīdòngchē	automobile
吊扣	diàokòu	suspend（license） 收回并扣留发出去的证件。
吊销	diàoxiāo	revoke（license） 收回并注销发出去的证件。
追究	zhuījiū	find out 追查某种不好的事情的原因、责任等。
刑事	xíngshì	penal

 注释

1. 不以为耻，为荣不为荣单说： "不以为耻，反以为荣"，这是一句常用语，指有些人做错了事，不但不觉得耻辱，反而觉得光荣。课文中这句话的意思是说有些人违反了交通规则，"不以为耻"是肯定的，"反以为荣"则不太肯定，此处用词十分准确。"单说"，即另外再说。

2. 寒碜：丢脸，不体面。如：
（1）全班就我不及格，真寒碜！
（2）在小李的生日晚会上，别人都穿得漂漂亮亮的，只有我穿得土里土气的，真觉得寒碜。

3. 轻则……，重则……：常用来说明一件事情的结果，这个结果肯定是不好的。"轻则"指相对来说比较好的结果，"重则"指最不好的结果。如：
（1）小王的腿摔伤了，轻则要休息半个月，重则恐怕一个月也下不了地。
（2）这次股市暴跌，张先生轻则要赔一万元，重则三万元也打不住。
类似的用法还有"少则……，多则……"。如：
（1）这次旅行少则一个星期，多则十天准回来。
（2）这套房子，让我猜，少则50万，多则得65万。

4. 刑事责任：违犯刑法后必须承担的法律后果。

练习

一、听录音后，根据录音内容填空

1. 违反交通规则的行为呢，一个是_____，再一个，我觉得也是一个人_____。
2. 其实他的违章，一个给他自己_____不安全，第二他_____了别人的行车_____。
3. 机动车_____，既害人也害己。对个人来说，出现了_____以后，轻则被_____，_____、_____驾驶证，重则呢，还要被_____。

二、听录音后，选择正确答案

1. A. 交通意识差　　　　　　B. 文明程度低
   C. 不以为耻　　　　　　　D. 反以为荣

2. A. 这种做法很不文明
   B. 给自己造成不安全

C. 使交通规则失去了作用
　　D. 给别人的正常行驶带来威胁

3. A. 是一个勇敢的司机
　　B. 无视交通规则
　　C. 他有特殊情况
　　D. 他的确有急事

4. A. 分为轻重两种处罚
　　B. 只被没收驾驶证
　　C. 以后不能再开车
　　D. 一定会被追究刑事责任

三、判断下列句子的正误

1. _____ 2. _____ 3. _____ 4. _____ 5. _____ 6. _____
7. _____ 8. _____ 9. _____ 10. _____ 11. _____

四、问答与叙述

1. 说说录音中司机的违章情况。
2. 结合录音说说违反交通规则的原因。

第四段　冯骥才找年意

内容提示：本段录音记述了作家冯骥才在天津郊区杨柳青的所见所闻以及他对过年的感受。文中出现了"年味儿"、"年意"这样的词语，注意理解它们的意思。同时，要注意思考冯骥才来杨柳青寻找"年味"的原因。因为录音多是采访的实况，声音有点儿杂乱，不过不影响理解。

年意	niányì	the atmosphere of the new year
民俗	mínsú	folk custom
年味儿	niánwèir	the atmosphere of the new year
年画	niánhuà	paintings for the Spring Festival
画摊儿	huàtānr	a stall that sells paintings
木版	mùbǎn	wood block 刻上文字或图画的、可印刷图画的板子。
拥挤	yōngjǐ	crowd
人流	rénliú	stream of people
采购	cǎigòu	buy 选择并购买大量的或种类较多的物品。
起码	qǐmǎ	at least

冯骥才	Féng Jìcái	著名作家、文物保护专家。
杨柳青	Yángliǔqīng	天津郊区的一个镇。
静　海	Jìnghǎi	天津郊区的一个县。

注释

1. 年味儿：过年的气氛，是人们过年时的一种感受。如：
(1) 现在过年越来越没有年味儿了。
(2) 在农村过年比在城市过年更能体会到年味儿。

2. 杨柳青年画："杨柳青"，是天津市郊的一个镇。"年画"，指过年时家家户户张贴的表现欢乐吉庆的画，现在农村还保留这一习惯。杨柳青以其年画的鲜明特色而闻名，杨柳青年画用传统的方法绘制，用木版雕刻印刷而成，其色彩鲜艳，形象丰满，颇受人们喜爱。

3. 年货：专门为过年而准备的一些东西，有吃的、用的和玩儿的。具体地说，包括鸡、鸭、鱼、肉、烟、酒、茶、干货、果品、年画、鞭炮等等。

4. 起码：最低限度、至少的意思。如：
(1) 这本书我起码看了两遍。
(2) 他在这儿起码等了你两个小时。

 **练习**

一、听两遍录音后，根据录音内容填空

1. 冯骥才来到杨柳青是为了 _____。
2. 冯骥才每年 _____ 这段时间，都要到杨柳青或静海去一趟。
3. 冯骥才主要看看这个地方 _____ 的变化。
4. 冯骥才觉得到这个地方可以感受到一种普通老百姓对生活的 _____。

二、再听两遍录音后，选择正确答案

1. A. 过年的准备　　　　　B. 过年的习俗
   C. 年夜饭的味道　　　　D. 过年的感觉

2. A. 越来越淡　　　　　　B. 比较浓
   C. 比较淡　　　　　　　D. 越来越浓

3. A. 画店里
   B. 街道两旁
   C. 商店里
   D. 农民家里

4. A. 年画展览室
   B. 街道两旁
   C. 拥挤的人群中
   D. 农民家中

5. A. 他买了一车年货
   B. 他已经买够了年货
   C. 过年至少需要一车年货
   D. 他这是第二次买年货

6. A. 老百姓对生活的感情
   B. 老百姓对生活的热情
   C. 深深的年意
   D. 人们的生活越来越富裕

三、问答与叙述

1. 说说冯骥才在杨柳青镇的所见所闻。
2. 谈谈冯骥才对年意的理解。

第五段　山羊与环保

内容提示：这段录音选自中央电视台的"东方时空"节目。记者在和一位退休的农牧业教授谈论养山羊给人们带来的灾害。人们只知道羊绒的珍贵，却很少知道山羊给自然给人类带来的麻烦。这位教授谈话条理清楚，而且时常说些顺口溜以增强谈话的感染力。本段采访录音语速不快，约为220字/分钟。

生词

羊绒	yángróng	cashmere
优质	yōuzhì	high quality
畜牧	xùmù	livestock farming
脱贫	tuō pín	get out of poverty 努力摆脱贫困面貌。
铲子	chǎnzi	shovel
钳子	qiánzi	pliers
蹄子	tízi	hoof
镐	gǎo	pickaxe
富裕	fùyù	rich
呼吁	hūyù	appeal 向个人和社会提出愿望，希望得到同情和支持。
小尾寒羊	xiǎowěihányáng	a kind of sheep which has a short tail

专名

昌平	Chāngpíng	地名。
燕山	Yān Shān	地名。
沙岭子	Shālǐngzi	地名。

注释

1. 软黄金：是和真正的黄金相对的一种说法，并不是黄金。文中"最好的羊绒"之所以被称为"软黄金"，是因为羊绒柔软而且像黄金一样非常贵重。

2. 痛心疾首：非常厌恶和痛恨。如：
（1）最令人痛心疾首的是，他做了坏事不但不听别人劝说，反而更加猖狂了。
（2）一场大火烧掉了大片森林，真让人痛心疾首。

3. 课题：急需研究、讨论和解决的重大问题。
（1）严重缺水是我们所面临的一个新课题。
（2）今年他申请了一个国家级课题。

4. 第三世界养，第二世界纺，第一世界享：这里指发展中国家养山羊，中等发达国家加工、纺织羊绒产品，发达国家享受羊绒。

 练习

一、听两遍录音后，选择正确答案

1. A. 被称为"软黄金"　　　　　　B. 大部分产在中国
   C. 最好的羊绒产在中国　　　　D. 中国人都为此感到骄傲

2. A. 弊大于利　　　　　　　　　B. 使贫困地区更贫困
   C. 不是很有效的脱贫方法　　　D. 山羊严重地破坏植被

3. A. 它的角像铲子一样把树皮铲掉
   B. 它的蹄子像镐一样把树根刨出来吃光
   C. 它破坏了植被，造成水土流失
   D. 它的嘴像一把钳子，吃掉许多庄稼

4. A. 每只羊要吃掉5~10亩的草
   B. 山羊不仅吃草，还把树根吃掉
   C. 全国的山羊太多
   D. 山羊把树皮铲掉后吃掉

5. A. 第三世界养，第二世界享，第一世界纺
   B. 第三世界享，第二世界养，第一世界纺
   C. 第三世界养，第二世界纺，第一世界享
   D. 第三世界享，第二世界纺，第一世界享

6. A. 经济收入比山羊好一些　　B. 这种羊不破坏植被
   C. 可以盖房子　　　　　　　D. 可以开银行

二、听录音，判断下列句子的正误

1. _____ 2. _____ 3. _____ 4. _____ 5. _____
6. _____ 7. _____ 8. _____ 9. _____ 10. _____

三、根据课文内容，解释下列词语

1. 软黄金
2. 痛心疾首
3. 脱贫
4. 油盐酱醋粮

四、根据陈副教授最后说的那首顺口溜填空

1. 家养一只高腿羊，_____。
2. 家养两只高腿羊，_____。
3. 家养三只高腿羊，_____。

五、问答与叙述

1. 关于山羊，从录音中你知道了什么？
2. 山羊是怎样破坏植被，造成水土流失的？
3. 说说养小尾寒羊的好处。

第六段　换手机

内容提示：这段录音谈论了小杨更换手机的经历，非常贴近生活。我们在日常生活中也常常遇到或经历这样的事情。听本段时，要特别注意小杨更换手机的原因。本段录音语速适中，文中有一些关于手机的专业性词语，但并不太难理解。

外企	wàiqǐ	foreign enterprise
闲置	xiánzhì	leave unused
便捷	biànjié	convenience
微不足道	wēi bù zú dào	insignificant
沟通	gōutōng	communicate
高端	gāoduān	advanced，sophisticated 指高水平的。
市面儿	shìmiànr	market 正在流通某些商品的市场。
搞怪	gǎo guài	strange，unconventional
智能	zhìnéng	intelligent
双模	shuāngmó	dual-mode
用场	yòngchǎng	function
浏览	liúlǎn	browse

1. 满世界：即满处，到处。类似的说法还有满中国、满北京、满校园、满屋子等等，意思是在中国各地、在北京各处、在校园各处、在屋子各处。用在句中常有夸张的味道。如：

(1) 你去哪儿了？你爸爸满世界找你呢。

(2) 假期学校里真安静，满校园找不到一个人。

2. 短信：就是简短的信息。发短信是现在手机的常用功能，比较方便、节约。

3. 输入法：指电脑、手机等的文字输入方法，现在电脑的汉字输入法就有不少种类，常用的如智能ABC输入法、微软拼音输入法、五笔输入法等。

4. 一阵儿：时间相对比较短，用于延续一段时间的动作，也可以说"一阵子"。如：
(1) 刚才下了一阵儿雨。
(2) 他在北京住了一阵子。

练习

一、听两遍录音后，判断下列句子的正误

1. _____ 2. _____ 3. _____ 4. _____
5. _____ 6. _____ 7. _____ 8. _____

二、再听两遍录音后，选择正确答案

1. A. 当时是为了工作　　　　　B. 后来是为了娱乐
   C. 有时候是赶时髦　　　　　D. 因为他很无聊

2. A. 通话功能、短信功能、上网功能、摄像功能
   B. 通话功能、上网功能、短信功能、摄像功能
   C. 通话功能、短信功能、摄像功能、上网功能
   D. 通话功能、摄像功能、短信功能、上网功能

3. A. 为了工作需要　　　　　　B. 满足好奇心
   C. 开发手机的新功能　　　　D. 为了方便

4. A. 不再对手机感兴趣了　　　B. 认为手机很快就过时了
   C. 别人怎么办，他也怎么办　D. 仍旧关心新型手机

三、问答与叙述

1. 录音中的小杨一共换了几次手机，每次换手机的原因是什么？
2. 谈谈你对换手机的看法。

第七段　加厚塑料袋儿

内容提示：本段录音是关于环境保护的一段录音。记者采访了一些经营者，他们都提到了塑料袋儿的问题，一方面谈了超薄塑料袋儿的危害和加厚塑料袋儿的必要性，另一方面也介绍了北京市使用加厚塑料袋儿的做法。被采访者的普通话虽然不太标准，但是并不妨碍理解。本段录音语速适中，生词不多，但因是实地采访，所以有些背景音。

 生词

毫米	háomǐ	millimeter
超厚	chāohòu	very thick 特别厚的。
树挂	shùguà	(soft) rime 雾凇。
超薄	chāobáo	very thin 特别薄的。
承受	chéngshòu	bear；support
削减	xuējiǎn	cut down 在已定的数额中减少。
控制	kòngzhì	control

 注释

1. 超厚、超薄："超+形容词"，在这里"超"有"超出寻常"之意。"超厚"就是比一般的要厚，"超薄"也就是比一般的要薄。类似的词语还有超强、超肥、超大等。

2. 没有禁用之前：这是一种不太规范的说法，应为"禁用之前"或"没有禁用的时候"，说话人把两句话搅在了一起。这种说法虽不规范，但也不会产

生歧义,在实际的言语交际中类似的情况很多。如:

(1) 没来中国以前,他学过半年汉语。

(2) 没认识你以前,我就听说过你的大名。

(3) 没接到我电话以前,你先别跟他联系。

3. 不在乎:不放在心上,无所谓的态度。如:

(1) 我自有主张,不在乎别人怎么说。

(2) 他的缺点就是对什么事情都不在乎。

4. 不用白不用:"白",不用付出代价的。这句话的意思是如果你不用,不会得到任何好处;如果用了,也不必付出任何代价。"不……白不……"这种句式常常表露出说话人的一种消极情绪。类似的说法还有不吃白不吃、不看白不看、不拿白不拿等。如:

(1) 这些东西又不是我们自己花钱买的,不用白不用。

(2) 反正是他请客,不吃白不吃。

一、听两遍录音后,根据录音内容填空

1. 北京市政府规定,5月1日之后,所有经营者使用的塑料袋儿的厚度都要在_____以上,这种_____塑料袋儿便于人们_____。

2. 塑料袋厚了以后有两个好处,一是_____,二是_____。

二、听录音,判断下列句子的正误

1._____ 2._____ 3._____ 4._____ 5._____ 6._____

三、听录音后,选择正确的答案

1. A. 减少环境污染

   B. 提高塑料袋的成本

C. 超薄塑料袋不结实
  D. 提高塑料袋的质量

2. A. 不用白不用
   B. 人们不用了
   C. 要花钱买
   D. 用得少了

3. A. 5号最大，1号最小
   B. 5号0.15元一个
   C. 1号0.04元一个
   D. 一共有5个品种

4. A. 多向顾客解释，让他们尽量少用
   B. 不理解
   C. 满足顾客要求
   D. 让顾客自己带兜

三、问答与叙述

1. 根据录音，用厚的塑料袋儿以后有什么变化和好处？
2. 你怎样看待现在很多餐厅和商店使用塑料袋儿的现象？

第八段 旅行保险

内容提示：这段录音录自中央电视台的"讲述"节目。被采访者只用3000美元就环游了世界。节目中他向大家讲述了自己的旅行经历。在这段录音中，作者用自己丢摄像机的事例告诉我们旅游时买保险的重要性。这使我们了解到旅行中如何用保险来减少损失、保护自己。被采访者表达明确，但语速很快，在320字/分钟左右，有一定的难度。

生词

保险	bǎoxiǎn	insurance
不翼而飞	bú yì ér fēi	disappear without trace
沮丧	jǔsàng	depressed
赔偿	péicháng	compensate
转机	zhuǎn jī	change planes 为到达目的地而在中途换乘另一架飞机。
迷迷糊糊	mími húhu	in a daze, difficult to make out 头脑不清楚。
大巴车	dābāchē	bus 大型的载客汽车，多用于长途旅行。
报案	bào àn	make a report
不以为然	bù yǐ wéi rán	not approve
盖戳儿	gài chuōr	stamp 把戳儿上的名字印到需要的文件或纸上。
戳儿	chuōr	seal; chop 一块圆形或方形的东西，用金属、石头或木头等做的，上面刻有名字或单位名，在纸上可以留下图案。
劫机	jié jī	plane is hijacked
误点	wù diǎn	behind the schedule

注释

1. 坏到极点：特别坏，坏到了最大程度，没有更坏的了。"极点"，最大程度。"……到极点"，即达到了最大程度。如：

(1) 今年夏天的天气热到了极点，一连几天都是三十八度以上。

(2) 我的视力已经坏到了极点。

2. 全额、限额："额"，规定的数目，多指钱数。"全额"是指全部数额，录音中指保险赔偿时，赔偿全部损失。"限额"是指限定的数额，录音中指赔偿时不能超过规定的钱数。如：

(1) 他以优异成绩争取到了全额奖学金。

(2) 这次比赛是限额报名，所以得早点去。

3. 自认倒霉：自己承认并接受对自己非常不利的或糟糕的事实与结果。如：

(1) 这件事，你只有自认倒霉，谁让你不把自行车锁上的。

(2) 这次考试又没及格，我只能自认倒霉，下学期再补考吧。

4. 蛮好的：挺好的。"蛮"，南方方言词，也常用在普通话中，意思相当于"挺"。

练习

一、听开头一段录音后，根据录音内容填空

1. 被采访人在意大利的时候，虽然非常小心，可他那部心爱的摄像机在火车上也是 _____，当时他 _____。

2. 这是他第 _____ 次丢摄像机了，上一次是在 _____，所以这次丢摄像机他真是非常 _____，心情也 _____。

二、再听两遍录音后，选择正确答案

1. A. 摄像机很贵

   B. 他最喜欢这部摄像机

   C. 经济上的损失很大

   D. 这是他丢的第二部摄像机

2. A. 不给他赔偿损失
   B. 赔偿一部分损失
   C. 赔偿全部损失
   D. 赔偿他一部摄像机

3. A. 飞机上　　　　　　　B. 候车厅里
   C. 大巴车上　　　　　　D. 火车上

4. A. 挺惊讶　　　　　　　B. 无所谓
   C. 觉得这个人很倒霉　　D. 很热情

5. A. 没找到保险公司，自认倒霉
   B. 没买保险，自认倒霉
   C. 保险公司给了全额赔偿
   D. 保险公司给了部分赔偿

三、被采访者说保险"蛮好的"，保险公司都负责哪些赔偿

1. 生病的医药费　　2. 劫机事件　　3. 行李丢失了　　4. 行李损失了
5. 没赶上飞机　　　6. 丢钱了　　　7. 丢东西了　　　8. 旅行途中的医疗费

四、问答与叙述

1. 说说被采访人两次丢摄像机的经历和结果。
2. 谈谈旅行保险的作用和意义。

第三单元

南腔北调

说明：在这个单元里，我们听到的是不同程度地带有各地方音的普通话。中国土地辽阔，人口众多，方言复杂，各地的口语有很大的差异。在中国很多人说的都不是标准的普通话。很多外国留学生虽然在课堂上很认真地学习汉语，但到中国一些地区后，仍然听不懂当地人所说的汉语。因此，我们现在在教室里听听不同地域的中国人所说的不太标准的、带有方音的、听起来有点困难的地方普通话，对外国朋友将来在中国工作、学习、生活，都是很有好处的。需要说明的是，我们听的是略带方音的普通话，而不是各地的方言。对这些不太标准的普通话，我们只要求大家听懂，并不希望大家学说。

第一段 失学女童——小娥

内容提示：这段录音选自中央人民广播电台的"午间半小时"节目。说的是二十世纪六七十年代，一个城市女青年上山下乡来到农村当小学教师的一段往事。理解这段录音，首先要了解"文化大革命"中知识青年上山下乡时的社会背景及当时人们的心理状态，录音中小娥父亲的那番话很能反映这些。这位当年的知识青年，现在已经是一位知名作家，谈话中有较明显的上海味儿。

 **生词**

经历	jīnglì	experience
功课	gōngkè	schoolwork；subject
家里头	jiālǐtou	home
出息	chūxi	prospect 个人的发展前途和上进心。
解释	jiěshì	explain

 注释

1. 没多久：指时间不长。"没（有）"后面加上一个表示疑问的时间词语，往往可以表示时间不长。这个时间词语由于是表示疑问的，所以往往不表示一个确定的时间。如没（有）多长时间、没（有）几天、没（有）多一会儿等。

2. 带他的弟弟："带"，在这里是"照看"的意思，但"带"的对象一般都是孩子，而"照看"的对象可以是孩子，也可以是老人、病人等。如：

(1) 这两年，她一边带孩子，一边照顾老人，真不容易。

(2) 他从小是奶奶带大的，听说奶奶病了，他非常着急。

3. 读书：在这里就是"上学"的意思，而不是一般意义的看书。口语中也可以说成"念书"。如：

(1) 他虽然只读过高中，但由于他刻苦钻研，努力学习，今年考上了研究生。

(2) 由于家里条件不好，他没念过书。

 **练习**

一、听两遍录音后，根据录音内容填空

1. 录音中说的这个人叫_____，是个_____（城市、农村）的_____（男、女）孩儿。

2. 这个故事的结果是，这个孩子_____。

二、再听两遍录音后，选择正确答案

1. A. 当班长 B. 学习很好
   C. 老师特别喜欢她 D. A、B、C都对

2. A. 需要她照顾弟弟 B. 家里生活困难
   C. 家里缺少劳动力 D. 她父亲认为她读书没用

3. A. 小娥让老师去的 B. 老师主动去的
   C. 小娥的父亲去找老师的 D. 学校领导让老师去找的

4. A. 想了解一下小娥的家庭
   B. 想说服小娥父母让小娥继续上学
   C. 告诉小娥父母小娥在学校的表现
   D. 告诉小娥父母小娥将来一定会有出息

5. A. 小娥又上学了 B. 说服了小娥的父母
   C. 小娥仍然没有回到学校 D. 没有明确的结果

三、根据课文内容，解释下面的句子

1. 她读了书以后有什么出息呢？
2. 我也没办法说，没办法解释这个事情。

四、问答与叙述

1. 介绍一下小娥。
2. 为什么说这个故事让这个老师"永远都不能忘记"？

第二段　远在新疆的上海人

内容提示： 这段录音选自地方广播电台的节目。20世纪60年代，一个上海支边青年来到新疆，在那里生活了几十年。这期间他虽然有时也感到孤独，但他和哈萨克牧民之间建立起了深深的友谊。这些使他不但坚持在新疆生活下来，而且生活得很好。现在，他虽然离开上海已经40年了，但他的口音中上海味儿仍然很重，偶尔还有一点新疆味儿。

生词

孤独	gūdú	lonely
牧场	mùchǎng	pasture land
认	rèn	call
那阵子	nàzhènzi	at that time 讲述往事时指过去的一段时间。
奶茶	nǎichá	milk tea 掺和着砖茶的牛奶、羊奶或马奶，中国蒙古族、藏族地区常喝的一种饮料。
毡袜子	zhānwàzi	felt socks
狐狸	húli	fox

专名

哈萨克	Hāsàkè	民族名。主要分布在中国新疆。
阿勒泰	Ālètài	地名。位于中国新疆。

注释

1. 说老实话：这是一句口头语，常用在一句话的开头，本身没有很实在的意思，但多少也有一点儿强调自己要说的话是真话，是实在话的意思。类似的用法还有说真的、说真格的、说实在的等。如：

(1) 说老实话，我真不知道她是你的女朋友。

(2) 说真的，你到底去不去？

2. 挑起大拇指：表示对对方的称赞、夸奖和佩服，有时也可以不说出来，只用肢体语言来表示。"大拇指"，也可以叫"大拇哥"；"挑起"，也可以说"竖起"。我们也常常听到人们说"竖起大拇哥"，同样是称赞、夸奖和佩服的意思。

3. 冻得这么个样子：也可以说成"冻成这个样子"，表示"冻"得程度很严重。形容词后面加上"成这个样子"，指形容词所表示的性状的程度很高；动词后面加上"成这个样子"，可以表示动作很强烈。如：

(1) 现在刚4点，天怎么就黑成这个样子了？

(2) 高考没考好，他就哭成这个样子。

4. 高兴坏了：表示非常高兴。形容词后面加上"坏了"，表示这个形容词所表示的性状的程度很高，同样的意思还有"死了"。"坏了"、"死了"虽然都是贬义词，但用来表示程度却没有褒贬的意思。如：

(1) 听说他女朋友要来，把他美坏了。

(2) 困死我了，昨天看了一夜世界杯，今天上午我不想去上课了。

练习

一、听两遍录音后，根据录音内容填空

1. 这个人的家在_____，后来他去了_____。

2. 刚到这里，他有时候也感到挺_____的，想念_____。

3. 现在他的情况有了变化，他有了一个_____。

二、再听两遍录音后，选择正确答案

1. A. 爸爸妈妈 B. 哥哥弟弟
   C. 姐姐妹妹 D. 叔叔伯伯

2. A. 每天下雪 B. 骑自行车很慢
   C. 没有汽车 D. 马是主要的交通工具

3. A. 步行 B. 骑车
   C. 坐汽车 D. 骑马

4. A. 她妈妈是个哈萨克人
   B. 那个哈萨克族的老妈妈有一个儿子在上海
   C. 一个哈萨克族的老妈妈
   D. 那个哈萨克族的老妈妈对他很好，像他自己的妈妈一样

5. A. 煮羊肉汤和奶茶 B. 做了一双毡袜子，给了他一顶帽子
   C. 把最好的一匹马送给他 D. 给他穿上一件皮大衣

6. A. 不会说汉语 B. 没有儿子
   C. 因为高兴而生病了 D. 她主动认了一个上海儿子

三、根据课文内容，解释下面的句子

1. 我有了个哈萨克的妈妈。
2. 他们都挑起大拇指。
3. 我有了一个上海的儿子了。

四、问答与叙述

1. 说说这个人的经历。
2. 说说他认妈妈的原因和过程。

第三段　哼着歌儿进考场

内容提示：这段录音选自地方广播电台的节目。一位电台记者正在采访一位女大学生，谈的是学习和娱乐这两个问题的关系，以及如何与妈妈相互理解。谈话双方都是安徽人，南方口音较重，而且语速较快，每分钟达340字左右。录音中提到的"希望他们最好能改变一下教学方法"，是个口误，应为"教育方法"。

生词

哼	hēng	hum
考场	kǎochǎng	examination venue
反感	fǎngǎn	dissatisfied 不满的情绪。
管束	guǎnshù	control
成材	chéng cái	become a capable person 即成才，比喻成为有才能的成功的人。
谈心	tán xīn	open up
高考	gāokǎo	take the entrance examination to university
特意	tèyì	specially

1. 想不通：对某事不理解，想不明白。经常指大多数人都明白的道理，而个别人不理解，另外也有不太愿意顺从别人意见的意思。如：

（1）我就想不通，为什么不让我参加讨论。
（2）既然大家都是这个意见，你也就别想不通了。

2. 管得太多了：管，在这里是"管教"、"约束"的意思，多用在大人对孩子，老师对学生的教育上。如：

(1) 对孩子不能不管，也不能管得太多。

(2) 有的家长对孩子平时不管，考试前就着急了。

3. 变严格管束为正确的引导："变……为……"，意思是"把……改变成为……"。如：

(1) 要想把买卖做好，就要变被动为主动，自己去寻找市场。

(2) 自从他变死记硬背为灵活掌握后，他的汉语水平提高很快。

练习

一、听两遍录音后，根据录音内容填空

1. 录音中谈话的这个女孩儿可能是个 _____（高中生、大学生、老师）。她希望妈妈对她的教育应该变 _____ 为 _____。

2. 开始她对妈妈非常 _____，后来觉得妈妈很 _____ 自己了。

二、再听两遍录音后，选择正确答案

1. A. 对她管得太多　　　　　　　B. 把她当大人看
   C. 不把她当小孩子看　　　　　D. 对她一点儿也不管

2. A. 妈妈对女儿要严格地管束，也要正确地引导
   B. 女儿要听妈妈的话，妈妈也要听女儿的话
   C. 妈妈要多多理解女儿，要多多和女儿谈心
   D. 妈妈和女儿要相互理解

3. A. 买了两盘世界名曲磁带
   B. 和她一起欣赏世界名曲
   C. 借了两盘世界名曲磁带
   D. 让她去听世界名曲音乐会，好好轻松轻松

4. A. 唱着歌儿走进考场　　　　　B. 很轻松地走进考场
   C. 很兴奋地走进考场　　　　　D. 听着歌儿走进考场

三、问答与叙述

1. 开始她为什么对妈妈反感？后来为什么又理解妈妈了？
2. 你怎样认识"理解也是双方面的事情"？

第四段 新乡人的等、靠、要

内容提示： 在河南新乡，很多下岗工人找不到工作，但是他们却一致拒绝了一个私企老板无偿为他们提供的，专门用于城市交通和观光的三轮车。从下面的录音中，我们可以看到这些下岗工人下岗后不能正确认识自己，不能正确认识社会，习惯了计划经济时代，不能适应改革开放后的社会经济。本段录音有较重的河南口音，外国留学生可能有点不适应。

 生词

下岗	xià gǎng	laid off
青工	qīnggōng	young workers
党政机关	dǎng-zhèng jīguān	party and government offices
面对	miànduì	face
市场经济	shìchǎng jīngjì	market economy
局	jú	bureau
交流	jiāoliú	communication
应聘	yìngpìn	apply for a job 看到招聘启事后，与用人单位联系，目的是去这个单位工作。
鄙视	bǐshì	despise
个体	gètǐ	self-employed laborer
好转	hǎozhuǎn	take a turn for the better
指望	zhǐwàng	count on 盼望、期望。
调剂	tiáojì	regulate 把有和无、多和少、忙和闲等做适当的调节。

| 生活费 | shēnghuófèi | cost of living 用于日常衣食住行的花费。 |

专名

| 新乡 | Xīnxiāng | 地名。 |

注释

1. 下岗：指没到退休年龄而从原来的工作岗位上下来。下岗的原因很复杂，有的是企业不景气，有的是企业改革的需要，也有的是职工自己的身体和年龄的关系。

2. 国营企业、乡镇企业、民营企业：改革开放以后，中国经济体制改革发生了很大变化，由过去单一的国营企业，发展为多种企业形式。国营企业，现多称国有企业，是由国家控制全部或大部分资产的全民所有制企业，原来由国家直接经营管理，经济体制改革后国家有所有权，但原则上不直接参与经营，而是由企业自主经营。乡镇企业是农村的乡镇村集体经济组织、农村村民兴办的集体所有制企业、合作企业和个体企业的统称。民营企业即私人经营的企业。

3. 事业单位：相对于企业单位，指没有生产收入，由国家经费开支，不进行经济核算的事业。如医院、学校、环卫部门等。

4. 市场经济：是指由市场进行调节的国民经济。我国在改革开放前实行的是计划经济体制，20世纪80年代中期以来则逐渐转变为具有中国特色的社会主义市场经济，它是同社会主义基本制度结合在一起的，是以公有制为基础的市场经济。

5. 重全民，轻集体：重视全民企业，轻视集体企业。重……轻……，常表示对一组相关事物的两种完全不同的态度。如重理轻文、重男轻女、重工轻农、重读写轻听说等。

6. 等、靠、要：课文中指的是对待就业的一种消极的态度。等，等待；靠，依靠；要，伸手索要他人的帮助和支援。

练习

一、反复听录音，判断下列句子的正误

1. _____ 2. _____ 3. _____ 4. _____ 5. _____
6. _____ 7. _____ 8. _____ 9. _____ 10. _____

二、根据录音，简单解释新乡人在就业问题的"等、靠、要"思想是什么意思

等：_____。

靠：_____。

要：_____。

三、根据录音内容填空

1. 通过调查，反映新乡的下岗工人在就业方面，还没有_____，没有_____。

2. 他们认为在下岗工人中间还有一种_____全民、_____集体、_____个体的观念。

四、问答与叙述

1. 结合新乡团市委的调查，说说新乡人在下岗工人再就业方面存在哪些思想上的问题。

2. 叙述一下新乡人的"等、靠、要"。

第五段　吃不了兜着走

内容提示：这段录音选自中央电视台的"焦点访谈"节目，被采访者是中国著名歌词作家乔羽。乔羽的谈话中带有很浓重的山东口音。谈论的是在饭店吃饭时剩下饭菜怎么处理这个问题。"吃不了兜着走"本是与吃没什么直接关系的一个俗语，意思是事情办不好要受到批评并承担责任。而在此则指在饭店吃饭时把剩下的饭菜带走，也可以称为"打包"。乔羽先生谈了自己对"吃不了兜着走"这一问题的深刻看法。

 生词

点菜	diǎn cài	order dishes
筷子	kuàizi	chopsticks
夹	jiā	pick
分餐	fēncān	share food
加热	jiārè	heat up
摆阔	bǎi kuò	be ostentatious and extravagant 讲排场，显示自己的富有。
文化层次	wénhuà céngcì	level of education
随意	suíyì	at will
栽面子	zāi miànzi	lose face
透彻	tòuchè	clear 精辟、详尽而深入。
丢面子	diū miànzi	lose face

注释

1. 吃不了兜着走：这句话的本义和吃并没有什么直接关系，意思是警告对方或者提醒自己，事情办不好要受到批评并承担责任。现在这个词语又常常回到了字表面的意义，即"吃不了，把剩下的东西带走"，也就是"打包"，常用在饭店，有一点儿幽默的用法。

2. 所谓的"打包"嘛："所谓，即所说的，大家常说的。"所谓的"有时也指"某些人所说的"，说话人对这个说法表示怀疑和不承认。如：
(1) 所谓"综合课"，其实就是精读课。
(2) 这就是你写的所谓的"检查"？

3. 下筷子：即用筷子开始吃饭。下，开始使用。类似的用法还有下手、下脚、下笔、下刀等。

4. 栽面子：也可以说"栽面儿"，意思是在众人面前丢脸。课文中还有"丢面子"，与"栽面子"同义。

 **练习**

一、根据课文内容解释下列词语
　　1. 吃不了兜着走
　　2. 摆阔
　　3. 把世界看透彻
　　4. 丢面子

二、再听两遍录音后，选择正确答案
　　1. A. 警告别人　　　　　　B. 提醒自己
　　　　C. 打包　　　　　　　D. 少点菜

2. A. 打包不存在卫生问题

   B. 这不是打包问题,而是中国人吃饭的习惯问题

   C. 解决卫生问题必须实行分餐

   D. 卫生问题是打包存在的一个难以解决的问题

3. A. 把剩饭菜加热　　　　　B. 最好不剩

   C. 分餐　　　　　　　　　D. 注意一下

4. A. 是摆阔　　　　　　　　B. 是文化层次低的表现

   C. 栽面子　　　　　　　　D. 赞成

5. A. 吃之前少要

   B. 没文化的人把吃饭时剩很多当做一件高兴的事

   C. 必须分餐

   D. 怕丢面子的人没把世界看透

三、问答与叙述

1. 概括一下乔羽先生对"吃不了兜着走"这一问题的看法。
2. 结合录音,谈谈乔羽先生对"栽面子"、"丢面子"的看法。

第六段　计划生育与老龄社会

内容提示：这段录音选自中央电视台的"东方时空"节目，是一位记者对一位社会学家就中国计划生育和人口老龄化问题的访谈。这位社会学家说的是一口带有浓重广东味的普通话，听起来比较困难。语速不太快，语气较重，发音多不规范之处。如广东口音不仅像江浙一带把zh、ch、sh都说成z、c、s，而且还和j、q、x混到一起，这段录音中的这、市、从、总、生、只、准、世、处等字中的声母都读成了接近j、q、x的音。

 生词

流动	liúdòng	move
拖累	tuōlěi	burden 连累，给某人造成生活上的负担。
趋势	qūshì	trend
现代意识	xiàndài yìshi	modern ideology
放松	fàngsōng	relax
奔向	bēnxiàng	run for
老龄化	lǎolínghuà	aging (population)
人类史	rénlèishǐ	history of humankind
空前	kōngqián	unprecedented 第一次出现，以前没有过。
罕见	hǎnjiàn	rare
限度	xiàndù	limit
妥当	tuǒdang	pertinent 稳妥、恰当、稳当。
不得已	bùdéyǐ	have to 没有办法，不得不这样。
相辅相成	xiāng fǔ xiāng chéng	supplement each other 互相补充、互相配合。

注释

1. 避风港：原指供船只躲避大风浪的港湾，现常用来比喻躲避激烈斗争和麻烦事端的地方。

2. 有利于：即"对……有利"，这虽然是古汉语的用法，但由于用法简洁、意义明确，也常常用在现代汉语中。相反的用法是"不利于"或"有害于"。如：

(1) 多吃粗粮有利于身体健康。

(2) 吃甜食太多不利于健康。

3. 老龄社会：国际通行的标准是，60岁以上老年人达到10%以上，即开始进入老龄社会。据统计，目前我国60岁及以上老年人口已经达到1.45亿，占全国总人口的11%；65岁及以上老年人口已经达到8600万，占全国总人口的7%，录音中也提到了这个标准。所以说，按照国际通行的标准，中国已经正式步入老龄社会。根据预测，我国老龄人口今后还将继续以较快速度增长。到2050年，我国老年人口将达到4.2亿，占总人口近25%，即意味着每4个人中就有1位老年人。其中北京、上海等大城市，因人口寿命的普遍延长，预计这一比例将高达35%。

4. 现行政策：现在正在实施的政策。现行，即正在实施的，现时有效的。例如：现行规定、现行法令、现行规章等。

 **练习**

一、听两遍录音后，根据录音内容填空

1. 这段录音主要谈的是＿＿＿＿＿＿问题和＿＿＿＿＿＿问题。

2. 他觉得这两个问题的关系应该是＿＿＿＿＿＿的问题，应该是＿＿＿＿＿＿的。

二、再听两遍录音后，选择正确答案

1. A. 有利于人口下降　　　　B. 是个生育的避风港

　　C. 是个很严重的问题　　　D. 人口会大量增加

2. A. 希望小家庭 B. 为了与别人竞争
   C. 生育观念变化 D. 城市的计划生育抓得紧

3. A. 鼓励 B. 禁止
   C. 可以放松一点 D. 加强管理

4. A. 没有一个统一标准 B. 65岁以上的人口占7%
   C. 联合国最近定了一个标准 D. 老年人占1/4

5. A. 只有一代人是独生子女 B. 连续两三代是独生子女
   C. 废止独生子女政策 D. 城市人口增长罕见地快

6. A. 长期坚持下去 B. 只是一代人的事
   C. 两三代的事 D. 说不清

7. A. 互相配合 B. 互无关系
   C. 互相对立 D. 老龄化影响计划生育

三、问答与叙述

1. 结合录音说说中国的计划生育政策。
2. 结合录音说说中国的老龄化问题。

第七段 内乡的恐龙蛋化石

内容提示：中国是一个文明古国，保护好古代文化遗产是我们对前人和后人义不容辞的责任。河南省内乡县埋藏着大量的恐龙蛋化石，为了保护好这些化石，当地人做了大量的工作，也取得了很好的成绩。记者先采访了河南内乡县副县长程建华，之后又采访了当地农民和文物局工作人员。这段录音生词语不多，也没有什么语法难点，但河南口音很重，外国留学生听起来肯定有问题，这就需要反复听练，以逐步适应这样的地方普通话。

生词

恐龙蛋	kǒnglóngdàn	dinosaur eggs
化石	huàshí	fossil
埋藏	máicáng	burried
石蛋	shídàn	marble 河南内乡人对恐龙蛋化石的称呼。
征集	zhēngjí	collect 用书面或口头方式收集或请求。
露	lòu	reveal
表层	biǎocéng	surface level
机遇	jīyù	opportunity 有利的机会、时机。
刨地	páo dì	dig the ground
经意	jīngyì	be careful 经心，即注意。
上交	shàngjiāo	hand in
发掘	fājué	excavate

 **专名**

焦点访谈	Jiāodiǎn Fǎngtán	Focus Talk 中央电视台的一个节目。
伏牛山区	Fúniúshān Qū	地名。
内乡县	Nèixiāng Xiàn	地名。

 注释

1. 管恐龙蛋叫做石蛋："管……叫做……"，即"把……叫做……"，常用于口语中。如：

(1) 东北地区管玉米叫做包米。

(2) 我们班的班长最大，我们都管他叫大哥。

2. 说来也巧：巧，恰好，正好。说来也巧，常指很偶然地遇到某事物、某人或某种机会，但往往都是指好事情。如果恰巧遇到不好的事物、不想见的人，往往说"真不巧"。如：

(1) 说来也巧，我们俩正说他呢，他就来了。

(2) 那天上课前我没有预习，真不巧，老师偏偏提问我。

3. 以备：常用在后一分句开头，表示前一分句所说的条件，使得后一分句所说的目的容易实现。意义及用法和"以便"差不多。如：

(1) 请把您的电话告诉我，以备（以便）我们今后联系。

(2) 这辆自行车留给你吧，以备（以便）你需要的时候用。

 **练习**

一、听两遍录音后，根据录音内容填空

1. 记者来到了＿＿＿＿省＿＿＿＿县。这个县的＿＿＿＿埋藏量比较丰富。

2. 在这里，恐龙蛋化石埋藏得非常浅，最深的也就是＿＿＿＿＿＿，最浅的就是＿＿＿＿＿＿。

二、再听两遍录音后，选择正确答案

1. A. 这里恐龙蛋化石特别多
   B. 他们路过这里
   C. 这里恐龙蛋化石破坏严重
   D. 这里的恐龙蛋化石埋藏得最浅

2. A. 这里的恐龙蛋化石埋藏得很浅
   B. 恐龙蛋化石都露在外面
   C. 这里的恐龙蛋化石的埋藏深度为三五公分到十来公分
   D. 这里的恐龙蛋化石的埋藏深度为五米左右

3. A. 可以调查了解恐龙蛋化石出土的情况
   B. 可以发现地里埋藏的恐龙蛋化石
   C. 可以用脚踢到恐龙蛋化石
   D. 可以发现埋藏非常浅的恐龙蛋化石

4. A. 看到文物局的工作人员在找恐龙蛋化石
   B. 他们用脚踢到了恐龙蛋化石
   C. 他们看到农民们在耕地时发现了恐龙蛋化石
   D. 他们自己发现了地里的恐龙蛋化石

5. A. 及时报告
   B. 把挖出来的恐龙蛋化石主动上交
   C. 保护现场
   D. 不能刨出来，要保护原始状态

三、问答与叙述

1. 结合录音说说内乡县恐龙蛋化石的埋藏情况。
2. 结合录音说说内乡县怎样保护恐龙蛋化石。

第八段　张海恭与无喉人复声班

内容提示：张海恭——一个因得喉癌而失去声带的人，他以顽强的毅力学会了用食管发声，能够像正常人一样说话，然而他不忘与他同病相怜的无喉人。已经十分贫困的他办起了复声班，无偿地教这些无喉人学习食管发声法，让更多的无喉人告别哑巴世界，回归主流社会。在这段录音中我们可以听到无喉人的谈话，这些谈话语速不快，但发音不够响亮，声音不够清晰，和正常人说话有明显的区别，有一定难度。

生词

无喉人	wúhóurén	person without larynx
复声班	fùshēngbān	speech class
逢	féng	come to 碰到、遇见。
汇集	huìjí	influx
食管儿	shíguǎnr	oesophagus
喉癌	hóu'ái	cancer of the larynx
愤忧	fènyōu	angry, worried 又生气又担忧。
失声	shī shēng	chocked
哑巴	yǎba	mute
反胃	fǎnwèi	nausea
恶心	ěxīn	disgust
头昏脑涨	tóu hūn nǎo zhàng	make one's head swim
吸气	xī qì	inhale
胀	zhàng	expand
鼓	gǔ	bulge

腮帮子	sāibāngzi	cheek
酸痛	suāntòng	painful
摸索	mōsuǒ	groping 试探着做某事，寻求、找到途径、经验等。
挣扎	zhēngzhá	struggle
四处奔波	sìchù bēnbō	go everywhere
倾家荡产	qīng jiā dàng chǎn	go bankrupt
无偿	wúcháng	free
自尊	zìzūn	self-esteem
尊严	zūnyán	dignity 受人尊敬的地位、身份、人格等。
吟诗	yín shī	recite poetry

马当中学　　Mǎdāng Zhōngxué　学校名。

1. 再轻易不过：没有比这个（说话）更容易的了。"再……不过"，即"没有比这个更……的了"，表示程度很高。如：

（1）说汉语，对中国人来说，那是再容易不过的了。

（2）在中国饭中，饺子是再好吃不过的了。

2. 一言难尽：很难把这件事情说出来。指某件事情很复杂、不顺利、内容太多、很不好讲述，或者是说话人由于其他原因不愿、不便或不能把这件事情讲出来。如：

（1）这次旅游，我们受的那个罪呀，真是一言难尽。

（2）他们俩谈了三年，还是吹了，这里面的事呀，真是一言难尽。

3. 费了很大工夫：费，花费；工夫，常常指时间、力气和钱。表示所花的时间、力气和钱比较多。这个"费"不是"浪费"。如：

（1）这次到成都应聘，不但费了好几天的工夫，还费了不少钱呢。

（2）照你这么写，写了也没用，白费工夫。

（3）我费了好大劲儿才找到你。

 练习

一、听一遍录音后，根据课文内容解释下列词语

1. 无喉人
2. 复声班
3. 病友
4. 无语世界

二、听两遍录音后，根据录音内容填空

1. 这个复声班是从_____开始办的。每逢_____上课。

2. 这个复声班中有_____、_____、_____、_____、_____、_____和_____。

3、这个复声班年龄最大的_____，最小的_____。

三、再听两遍录音后，选择正确答案

1. A. 教聋哑人说话
   B. 帮助说话不清楚的人练习说话
   C. 学习用食管儿发声
   D. 帮助喉癌患者康复

2. A. 各行各业的人都有　　　　B. 男女老少都有
   C. 1995年开始的　　　　　　D. 办班地点在一所中学

3. A. 复声班的积极参加者　　　B. 无喉人
   C. 教师　　　　　　　　　　D. 做喉癌手术后，一直不能说话

4. A. 痛苦　　　　　　　　　　B. 绝望
   C. 愤忧　　　　　　　　　　D. 失声

5. A. 头疼　　　　　　　　　　B. 肚子痛
   C. 反胃　　　　　　　　　　D. 腮帮子肿胀

6. A. 没有钱　　　　　　　　　B. 没有教师
   C. 没有教材　　　　　　　　D. 没有办学经验

7. A. 无偿的　　　　　　　　　B. 收费
   C. 收取很少的一点儿钱　　　D. 对一些家庭困难的免费

8. A. 他们很快乐
   B. 参加复声班的人差不多50%以上可以说简单的话
   C. 他们共接受了356人
   D. 有20%到30%的人能唱歌、打电话、吟诗及朗诵

四、问答与叙述

1. 说说张海恭为什么要办复声班？
2. 结合录音介绍一下张海恭和他的复声班的情况。

第四单元

快速汉语

说明：本单元录音材料主要来源于中央电视台的"焦点访谈"和"东方时空"节目，内容主要涉及社会上的一些焦点话题。录音大部分由电视台的播音员播送，他们口齿清晰，发音标准，但语速较快，大部分在每分钟300字以上。通过本单元的学习可以提高留学生对快速汉语的听辨能力，以逐步适应快语速的汉语表达。在此基础上还可以使留学生了解到当今中国社会的一些焦点问题。听本单元录音时，建议学生尽量跳跃听力障碍，尽量准确地把握录音的主要内容与观点。

第一段　拜年的方式

内容提示：这段录音选自中央电视台的"焦点访谈"节目。说的是中国人过春节时的一个习俗——拜年。录音中对中国人的拜年方式进行了分析说明，并且通过调查，对现代人所采取的拜年方式进行了比较清楚的介绍。相信通过这段录音，留学生可以很好地理解拜年这一习俗。本段录音语音标准，语速约为270字/分钟，难度不太大。

 **生词**

磕头	kē tóu	kowtow
作揖	zuò yī	bow with hands folded in front 两手向前高拱、身体向前略弯的行礼仪式。
渐行渐远	jiàn xíng jiàn yuǎn	go further and further 越来越远。
礼数	lǐshù	etiquette 古代按名位而分的礼仪等级制度，现在泛指言行需遵守的礼节。
讲究	jiǎngjiu	particular
变迁	biànqiān	change

 注释

1. 拜年：指春节时向别人祝贺新年，通常是晚辈给长辈拜年，长辈往往要给晚辈压岁钱。过去拜年的主要方式是磕头、作揖。现代社会拜年的方式有很多，比如短信拜年、电话拜年、电子邮件拜年等等。

2. 登门拜年：是一种传统的拜年方式，指专门到别人家里去，面对面地祝贺新年。

 **练习**

一、听两遍录音后，判断下列句子的正误

1. _____ 2. _____ 3. _____ 4. _____ 5. _____
6. _____ 7. _____ 8. _____ 9. _____ 10. _____

二、根据录音的后半部分，填写下列表格

序号	拜年方式	人数（约）	所占比例
1	登门拜访		
2			25％
3			
4	电子邮件拜年 网络视频拜年		
5			
合计			100％

三、根据课文内容解释下列词语

1. 作揖
2. 礼数
3. 电子邮件
4. 网络视频

四、问答与叙述

1. 介绍一下现代中国人的拜年方式与传统拜年方式的不同。
2. 叙述一下记者调查的情况。

第二段　外地小保姆与下岗女工

内容提示：这段录音选自中央电视台的"东方时空"节目，讲述的是下岗女工的再就业问题。主持人介绍了一种现在城市很需要的，又很适合下岗女工的工作——家政服务。这位主持人语音标准，但语速较快，大约每分钟340字。有个别地方用词不够准确。由于所用词语大部分为留学生所熟悉，所以整段录音难度不是很大。

双职工	shuāngzhígōng	husband and wife both at work
宽敞	kuānchǎng	spacious 房间大而明亮。
支出	zhīchū	payout
协调	xiétiáo	harmony
避免	bìmiǎn	avoid
孤独感	gūdúgǎn	loneliness
大有人在	dà yǒu rén zài	many people like that 某方面的人很多。
服务性	fúwùxìng	service

1. 小保姆：受雇为人照管儿童、老人或为人从事家务劳动的年轻女性。从事小保姆的多为外地或农村的女孩儿。

2. 打理家务：打理，即整理、料理，这里是指做家务、照顾家人。
(1) 我们那口子非常会打理家务。
(2) 她成天忙忙碌碌，却能把家打理得井井有条。

一、听两遍录音后，选择正确答案

1. A. 夫妻都工作，有一个孩子 B. 住房条件很好
   C. 经济条件很好 D. 现在请了一个外地小保姆

2. A. 花钱较多 B. 住房紧张
   C. 与小保姆协调很麻烦 D. 小保姆不太负责任

3. A. 月工资500多，不管吃住 B. 月工资200到300，管吃住
   C. 月工资500到600，管吃住 D. 月工资200到300，不管吃住

4. A. 不用解决住的问题 B. 善于料理家务
   C. 能很好地照顾孩子 D. 花钱要少得多

5. A. 没有了孤独感 B. 两个孩子每天在一起学习
   C. 吃住照顾得很好 D. 两个孩子常在一起交流经验

二、再听一遍录音，根据录音内容填空

1. 我们 _____ 到有这样一个 _____ ，双职工带一个小孩子，家里住得并不 _____ 。

2. 在这个家庭 _____ 换了几次 _____ 以后，最后决定不再从外地请了，他们请的是一个城市里 _____ 。

3. 最后，两家的小孩经常在一起交流，避免了 _____ ，最后成了好朋友。我相信，可能有同样想法的是 _____ ，这充分说明了，对这种 _____ ，其实社会有很大的需求。

三、问答与叙述

1. 这家人为什么不再请外地来的小保姆了？
2. 对于这家人来说，请下岗女工对他们有什么好处？

第三段　开花植物的消失

内容提示：这段录音录自中央电视台的"焦点访谈"节目，记录了开花植物所面临的危机以及造成这一危机的具体原因。同时也再一次使我们体会到环保的重要性。本段录音语言表达精炼，语音标准，语速较快，约为300字/分钟，但内容比较简单，难度适中。

消失	xiāoshī	disappearance
显示	xiǎnshì	demonstrate 明显地表现出来。
繁殖	fánzhí	reproduction
证实	zhèngshí	verify
面临	miànlín	face, confront
恶劣	èliè	abominable
警钟	jǐngzhōng	alarm 要求人们注意错误、意外或危险的警示和提醒。

1. 开花植物：又叫被子植物，指在生长的过程中会长出花朵的各种植物，例如苹果和大豆等。

2. 授粉：是指植物雄蕊的花粉传到雌蕊的柱头上。

一、听两遍录音后，选择正确的答案

1. A. 蜜蜂的减少　　　　　　B. 环境的变化
   C. 鸟类的减少　　　　　　D. 不清楚

2. A. 用了30年对300多种开花植物的研究
   B. 用了30年对300多种植物的研究
   C. 用了十几年对300多种开花植物的研究
   D. 用了几十年对几百种开花植物的研究

3. A. 美丽的开花植物即将从地球上消失
   B. 这些植物的繁殖能力越来越低
   C. 造成这个结果的原因是动物和昆虫越来越少
   D. 人们已经肯定了鸟类和昆虫减少的具体原因

4. A. 爱护开花植物　　　　　B. 爱护鸟类和昆虫
   C. 保护环境　　　　　　　D. 注意气候的变化

二、再听一遍录音，根据录音内容填空

1. ＿＿＿＿＿＿＿ 显示，环境的变化使地球植物的＿＿＿＿＿＿ 正在下降。
2. ＿＿＿＿＿ 证实，这些美丽的植物正面临着＿＿＿＿＿＿ 的危险。
3. 科学家们认为，＿＿＿＿＿、＿＿＿＿＿ 的恶劣变化很可能是造成鸟类和蜜蜂数量减少的一个最主要原因。

三、问答与叙述

1. 结合录音说说开花植物为什么会不断地消失。
2. 谈谈你对环境保护的具体看法。

第四段 "分钱"概念

内容提示：这段录音选自中央电视台的"东方时空"节目。谈论的是人民币"分钱"（分币）的作用，从而提倡"分钱"概念，提醒人们注意节俭，特别是应该从小孩儿做起。这段录音发音比较标准，但是篇幅较长，内容比较复杂，语速快，每分钟大约320字。听起来有一定难度。

生词

标价	biāo jià	marked price
尾头	wěitóu	tail end 指钱数的零头，即分。
利息	lìxī	interest
成本	chéngběn	cost 生产产品的费用。
堆积	duījī	pile up
货币	huòbì	currency
瓷罐儿	cíguànr	porcelain jar
砸开	zákāi	break open
积攒	jīzǎn	accumulate
节俭	jiéjiǎn	save
理财	lǐ cái	manage finance 管理钱财。

注释

1. 积少成多：指很少的东西积累的时间长了也就变得多了起来。

2. 为数不小：为数，从数量上来看，后面的词语表示这个数量的大小。如为数不多、为数可观、为数甚微。

3. 压岁钱：过春节时，晚辈（通常是小孩子）给长辈拜年时，长辈给晚辈的钱。据说旧时除夕夜，各家有小儿女的，用盘、盒等器具，盛果品食物，互相赠送，这就是"压岁盘"。后来，"压岁钱"取代了"压岁盘"。

4. 扎根：是指像植物的根一样深深地扎在土壤里，不动地方，形容人或物始终呆在一个地方。录音中指一种观念在人的思想中固定住。如：

（1）当年知识青年上山下乡时，都决心在农村扎根。

（2）虽然大家都不穷了，但勤俭节约的精神必须在头脑中扎根。

一、听两遍录音后，选择正确答案

1. A. 产品标价 　　　　　　　　B. 银行利息
   C. 股票市场 　　　　　　　　D. 企业计算成本

2. A. 不再作为货币计算单位
   B. 用途越来越少
   C. 还会长期使用下去
   D. 没什么用

3. A. 看到一个积少成多的过程
   B. 可以买一件东西
   C. 看到自己有了那么多钱
   D. 过年时可以得到一件礼物

4. A. 注意节俭 　　　　　　　　B. 有助于理财
   C. 合理安排自己的生活 　　　D. 适应市场经济的需要

5. A. "分钱"的作用 　　　　　　B. 注意节约每一分钱
   C. 提倡"分钱"精神 　　　　　D. 教育孩子从小节俭

二、再听一遍录音后，根据录音内容填空

1. 在银行_____ 的时候，这个几分几分就_____ 很重要了，因为它可以_____。

2. 以_____ 来讲，随着_____ 的提高，肯定"分钱"的用途，相对来讲会_____。

3. 记得小的时候，小孩都有一个爸爸妈妈给买的_____，平时呢，一分钱两分钱总把它留起来_____ 在瓷罐儿里头，等到过年时候，把它_____，用这几块钱去买一个东西，做过年的礼物。

三、根据课文内容，解释下列词语

1. "分钱"概念
2. 尾头
3. 理财
4. 市场经济

四、问答与叙述

1. 简要叙述一下"分钱"的作用。
2. 说说对儿童进行"分钱"概念的教育有什么重要意义。

第五段　说说"不敬业"

内容提示：这段录音选自中央电视台的"东方时空"节目，谈的是各行各业中一些不够敬业的情况。录音中多次提到"敬业"，应对"敬业"有个明确的理解。敬业，指对自己的工作不马虎，专心致志。录音比较贴近生活，可以联系现实生活情况进行学习。本段录音虽表述清晰，逻辑性很强，但语速很快，每分钟大约320字。

敬业	jìngyè	be accountable 对事业专心投入、不马虎。
井盖儿	jǐnggàir	cover of well 马路上下水道的盖儿。
头破血流	tóu pò xuè liú	break the skoll and bleed
主管部门	zhǔguǎn bùmén	responsible department
成千上万	chéng qiān shàng wàn	large numbers
坦然	tǎnrán	unperturbed 形容心里平静、没有顾虑。
纳闷儿	nà mènr	feel puzzled 疑惑不解。
偷盗者	tōudàozhě	thief
典型	diǎnxíng	typical
打工	dǎ gōng	work 临时或非正式的工作。
尽职尽责	jìn zhí jìn zé	dutifully work hard
刷	shuā	wash
招儿	zhāor	trick 办法、计策、手段。
细微	xìwēi	slight
透露	tòulù	reveal

报案	bào'àn	report
办事人员	bànshì rényuán	clerk
不对劲儿	búduìjìnr	wrong, unsettled

 注释

1. 如果行人不小心掉进井盖儿里该谁负责：这句话是个口误，应该是"掉进井里"。

2. 谁偷井盖儿谁负责：谁，在这里指任何人或无论什么人。"谁……谁……"一句话中可用两个"谁"字，前后照应，指相同的人。如：

(1) 谁愿意去谁去，反正我不去。

(2) 爱谁是谁，我今天一口酒也不喝。

3. 不对劲儿：常用在口语中，指觉得某件事或某人说的话不合情理、没有道理或者和自己的想法不大一样。如：

(1) 我总觉得不对劲儿，这里面肯定有人捣鬼。

(2) 小王平时总是有说有笑的，可最近有点不对劲儿，成天闷闷不乐的。

 练习

一、听两遍录音后，选择正确答案

1. A. 一只脚在井盖儿上，一只脚掉下去
   B. 一只脚踩在井盖儿上，一只脚踩在路面上
   C. 掉到下水井里
   D. 差点儿掉到下水井里

2. A. 主管部门官员认为应该由偷井盖的人负责
   B. 主管部门官员认为自己没有责任
   C. 谈话人认为应该由主管部门负责
   D. 谈话人认为应该由落入井中的人自己负责

3. A. 纳闷   B. 同意
   C. 非常不满   D. 不置可否

4. A. 老板的规定   B. 只有洗6遍才干净
   C. 害怕老板检查   D. 不刷6遍就要被辞退

5. A. 6遍   B. 5遍
   C. 4遍   D. 开始6遍，后来减少到4遍

6. A. 警察
   B. 一个朋友
   C. 派出所办事人员
   D. 那位朋友和派出所的一位警察

二、再听两遍录音后，判断下列句子的正误

1. _____ 2. _____ 3. _____ 4. _____ 5. _____ 6. _____

三、问答与叙述

1. 叙述一下录音中的不敬业行为。
2. 你还知道哪些不敬业现象？举例说明。

第六段　父母最赞赏的是什么？

内容提示：这段录音选自中央电视台的节目。一些女大学生在谈论自己的父母最赞赏她们的地方。录音节选了其中两名女大学生的发言。第一个女孩儿认为父母对自己迈出的第一步都是非常满意的，第二个女孩儿认为自己是家里的独生女，所以父母只能满意，不满意也没办法。话题很有意思，非常贴近生活，发音标准，两个女孩儿思维敏捷，语速很快，每分钟320字左右。

 生词

赞赏	zànshǎng	appreciate
诗	shī	poem
弹琴	tán qín	play the piano
一时	yìshí	temporary 一段比较短的时间。
无所谓	wúsuǒwèi	indifferent
出色	chūsè	outstanding
惊人	jīngrén	astonishing
突破	tūpò	breakthrough
迈	mài	stride 抬腿向前走。
欣慰	xīnwèi	gratified 高兴而心安。
服装设计	fúzhuāng shèjì	clothing design

 注释

1. 准保：一定、肯定、保证的意思。常用在口语中。如：
(1) 这件事你要告诉他，他准保不同意。
(2) 你只要努力学习，我准保你通过这次考试。

2. 多面手：指能够掌握多种技能，能从事多种工作的人。如：
（1）他是娱乐圈的多面手。
（2）我们这里就需要这种多面手式的人。

一、听两遍录音后，选择正确答案

1. A. 第一次写诗　　　　　　　B. 第一次弹琴
   C. 第一次看书　　　　　　　D. 一件事情刚起步的时候

2. A. 表现得不好　　　　　　　B. 没有惊人之举
   C. 觉得无所谓　　　　　　　D. 第一步都已经迈过去了

3. A. 不满意不行　　　　　　　B. 是独生子女
   C. 第一步走得好　　　　　　D. 本专业学得好

4. A. 做衣服　　　　　　　　　B. 没有什么爱好
   C. 画画儿　　　　　　　　　D. 看服装表演

5. A. 是个多面手　　　　　　　B. 给别人理发
   C. 搞服装设计　　　　　　　D. 画画儿

二、再听两遍录音后，根据录音内容填空

1. 比如说我第一次说话的时候，走第一步路的时候，他总是很_____。我第一次_____，第一次_____，第一次_____，这时候，他都非常_____。

2. 因为我总是干得也不出色，也没有什么惊人的_____，所以他再也不_____了。

3. 我除了学我的本专业以外，我还挺喜欢画画儿的，还喜欢那个_____什么的，喜欢去给别人_____什么的。

三、问答与叙述

1. 第一个女孩儿的爸爸对她满意的是什么？
2. 说说第二个女孩儿的爸爸为什么对她满意？

第七段　干什么就得吆喝什么

内容提示：这段录音选自中央电视台的"东方时空"节目。录音中指出，目前社会上人们缺乏一种敬业精神。这段录音中有几个俗语使用很适当，如"干什么吆喝什么"、"身在曹营心在汉"、"做一天和尚撞一天钟"等。整段录音很清楚，但把最后一句"乱了套了"说成"làn了套了"，这可能是受方音的影响。另外，本段录音的语速较快，每分钟超过300字。

 生词

吆喝	yāohe	cry out 大声地叫卖东西。
天经地义	tiān jīng dì yì	indisputably correct 理所当然、不可改变的道理法则。
义务	yìwù	obligation
职责	zhízé	responsibility
国有	guóyǒu	state-owned
自豪感	zìháogǎn	pride
军械库	jūnxièkù	armoury
转业	zhuǎn yè	be transferred to a different department 指军官转到地方工作。
消极	xiāojí	negative
踏踏实实	tātashíshí	steadily
模范	mófàn	modle
诱惑	yòuhuò	temptation 使用手段使人迷惑、上当。
失职	shī zhí	breach duty
局面	júmiàn	situation
执行	zhíxíng	execute

| 恶性循环 | èxìng xúnhuán | malignant cycle 很多事物互为因果，不断循环，其结果越来越坏。 |

 注释

1. 干什么吆喝什么：指努力地把自己分内的工作做好。

2. 身在曹营心在汉：这个俗语说的是三国时期的关羽，他虽然在曹操军中，但心里却一直想念着刘备等汉军。现在指身心不在一处，很不情愿地做一些工作，因此做工作不是集中全力，专心致志。

3. 当一天和尚撞一天钟：指不够积极，只是被动地去工作，满足于把自己分内的工作做完。如：

(1) 小李现在工作没有一点儿热情，只是当一天和尚撞一天钟。

(2) 你不能只是当一天和尚撞一天钟，应该利用现在的时间多学点知识。

4. 乱了套了：打乱了原有的秩序或次序，也可以说"乱套了"。录音中把"乱"误读为"滥"，意思上也通。如：

(1) 会场上吵成一片，乱了套了。

(2) 如果各做各的，互相不配合，那不就乱套了！

 练习

一、听两遍录音后，选择正确答案

1. A. 要做好自己的本职工作　　B. 要吆喝自己的工作
   C. 干什么都要吆喝　　　　　D. 要做好自己想要干的事

2. A. 很多人对自己的工作不满意
   B. 很多人认为别人比自己过得好
   C. 大多数人对自己的工作没有自豪感
   D. 很多人想调换工作

3. A. 他也非常想离开西藏回到内地去
   B. 他很喜欢这里的工作
   C. 他想去当和尚
   D. 他不喜欢这里的工作,所以工作不很积极

4. A. 家里常常被偷　　　　　B. 很多老师不称职
   C. 大夫们工作不负责任　　D. 一种恶性循环

5. A. 身在曹营心在汉　　　　B. 做一天和尚撞一天钟
   C. 努力做好自己的本职工作　D. 努力寻找适合自己的工作

二、再听两遍录音后,根据录音内容填空

1. 俗话说干什么就得吆喝什么,这是每个人_____的义务和_____。但现实生活中呢,并不是这样。

2. 今年对两千多名国有大中型企业的职工搞了一次调查,结果是43%的人_____,_____的人对自己的职业没有_____。

3. 那个作为看守人员的大学生每天带着_____,_____地在这个岗位上做成了连年的模范。

三、根据录音内容,解释下列词语在录音中的意思

1. 干什么吆喝什么
2. 身在曹营心在汉
3. 当一天和尚撞一天钟
4. 恶性循环

四、问答与叙述

1. 说说那个大学生的工作情况。
2. 这段录音中,主持人所提倡的是什么?反对的是什么?

第八段　游遍世界的窍门儿

内容提示：本段录音是对一位去美国的旅行者的采访，内容非常有趣。在录音中被采访者谈论了他在美国住酒店时发生的事情。一般说来，五星级酒店是非常昂贵的，而被采访者却住进了倒贴钱的五星级酒店。到底是怎么回事呢？我们来听听他的解释。本段录音语速稍快，但是发音很清晰。

 生词

窍门儿	qiàoménr	trick
环游世界	huányóu shìjiè	travel around the world
搜寻	sōuxún	search
融入	róngrù	assimilate 加入到其他事物中合为一体。
金银财宝	jīn yín cái bǎo	valuable treasures 指值钱的珍贵东西。
广告版	guǎnggàobǎn	classifieds page/column
折扣	zhékòu	discount
包	bāo	include 负责。
奢侈	shēchǐ	luxurious
旅游局	lǚyóujú	tourism department
专利	zhuānlì	patent

 专名

| 洛杉矶 | Luòshānjī | Los Angeles 美国的地名。 |
| 拉斯维加斯 | Lāsīwéijiāsī | Las Vegas 美国的地名。 |

注释

1. 倒贴钱： 指卖方不但挣不到钱，还要给买方一些钱。如：

(1) 他儿子不但不给他们钱，他们反而每月倒贴给儿子500元。

(2) 今天我抽到了一个幸运奖，不但白吃一顿，反而倒贴了我两张消费卡。

2. 五星级酒店： 通行的旅游酒店的等级共分五等。五星级酒店是旅游酒店的最高等级。设备十分豪华，设施非常完善，服务设施齐全。有各种各样的餐厅，较大规模的宴会厅、会议厅。有社交、会议、娱乐、购物、消遣、保健等活动中心。收费标准很高，主要是满足社会名流、大企业公司的管理人员、工程技术人员、参加国际会议的官员、专家、学者的需要。

3. 天下没有免费的午餐： 这里比喻在世界上没有不付出钱和劳动就能得到好处的情况，就是说要得到好处就应该付出金钱和劳动。

 练习

一、听两遍录音后，选择正确答案

1. A. 不收费的酒店
   B. 给顾客钱的酒店
   C. 要价很高的酒店
   D. 只收顾客一点儿钱，但给顾客很多实惠的饭店

2. A. 看报纸　　　　　　　　　B. 看电视
   C. 听别人说　　　　　　　　D. 听收音机

3. A. 可以了解国外的大事　　　B. 可以了解国内的大事
   C. 可以看广告并获得信息　　D. 为了消磨时间

4. A. 70美元　　　　　　　　　B. 等于没花钱
   C. 140美元　　　　　　　　 D. 36美元

5. A. 路费是全包的　　　　　　B. 只收70美元的服务费

C. 包一顿免费的海鲜大餐　　　D. 有"买二赠二"的活动

6. A. 可以去当地的旅游局
   B. 去找旅行服务中心
   C. 想办法得到一些小册子和地图
   D. 在住的饭店里寻找信息

7. A. 爱动脑筋的人　　　　　　B. 爱开玩笑的人
   C. 好像是一个导游　　　　　D. 大胆、勇敢的人

二、听录音，判断下列句子的正误

1. _____　2. _____　3. _____　4. _____
5. _____　6. _____　7. _____　8. _____

三、听录音后，根据录音内容填空

1. 我觉得我这人还有一个非常好的一个_____，愿意买报纸，因为报纸是让我们_____到当地社会的一个_____。

2. 被采访者说他回到中国以后，他的大皮箱里面并不是什么_____，而全是_____。

3. 被采访者住了两个晚上五星级的酒店，酒店不仅把他的_____，而且还包他一顿免费的_____。

四、问答与叙述

1. 说说这个人是怎样住上倒贴钱的五星级酒店的。
2. 说说录音中的被采访者旅行的经验是什么。

第五单元 新闻汉语

说明：这一单元我们听到的内容都是新闻类节目。录音的内容较复杂，话题广泛，大多是具有一定时事性的热门社会性话题。语言简洁庄重，生词语较多，重复较少，有一定的书面语特点，这是本单元录音的主要特点。由于大都是主持人和记者，所以发音标准、清晰。总之，这一单元难度较大，培养留学生听懂电视及广播新闻节目能力是本单元的目标。

第一段　爆竹解禁

内容提示：中国人喜欢用燃放爆竹来迎接新年，然而燃放爆竹的危害有目共睹。究竟是"放"还是"禁"，一直争论不休。最近各地提出了"限放"爆竹的各项规定，使这一问题得到了一个相对合理的解决。本段录音录自演播室，主持人发音标准，吐字清晰。录音内容虽然不多，但生词不少，听起来有一定难度，语速约为每分钟270字。

 **生词**

燃放	ránfàng	set off
烟花爆竹	yānhuā bàozhú	firecracker
出台	chūtái	carry out 指政策、制度、规定等正式公布或实施。
禁放令	jìnfànglìng	ban of setting off fire crackers 禁止燃放烟花爆竹的命令。
相继	xiāngjì	afterwards 一个接一个地。
效仿	xiàofǎng	follow the lead
缓解	huǎnjiě	alleviate 暂时减少或减轻。
争议	zhēngyì	argument
中断	zhōngduàn	interrupt
年味	niánwèi	Spring Festival atmosphere 过年的气氛。
审视	shěnshì	study 认真、仔细地分析、查看。
解除	jiěchú	lift
文物保护	wénwù bǎohù	protection of historic relics
敬老院	jìnglǎoyuàn	retirement home
随意	suíyì	according to one's wishes

 注释

1. 中三环线：上海市区的道路交通由几条环线组成，每环有东西南北中五个方位，其中的中三环线是指由上海市中心向外延伸的第三条环线。

2. 爆竹声声辞旧岁：这是一副对联的上句，它的意思是说在爆竹声中人们告别了过去的一年。下联往往是"笑语阵阵迎新春"等。

一、录音开始部分说到燃放爆竹的危害，听两遍录音后，找出录音中谈到了哪几点

    1. 噪音大　　　　2. 影响他人休息　　3. 引发火灾　　　4. 影响交通
    5. 伤害人的身体　6. 浪费钱财　　　　7. 浪费资源　　　8. 伤害儿童
    9. 制造垃圾　　　10. 污染环境

二、听两遍录音后，根据录音内容填空

    1. 中国第一个出台烟花爆竹禁放令的是 _____ 市，时间是 _____ 年，严禁在 _____ 燃放爆竹。

    2. 北京市是 _____ 年出台烟花爆竹禁放令的。

    3. 全国相继有 _____ 个城市禁放烟花爆竹。

三、再听两遍录音后，选择正确答案

    1. A. 消除了火灾的发生　　　　　B. 杜绝了人员的伤亡
       C. 年味淡了　　　　　　　　　D. 得到了人们的广泛支持

    2. A. 根本禁不住　　　　　　　　B. 很多人一直就不同意禁放
       C. 禁放后没有年味了　　　　　D. 禁放后火灾、伤亡仍有发生

    3. A. 大部分城市继续执行禁放令　B. 解除禁令，可以随意燃放
       C. 大部分城市把禁放改为限放　D. 所有的城市都解除了禁令

    4. A. 五环路以内禁放
       B. 从除夕到正月十五可以燃放
       C. 文物保护单位、医院、敬老院限放烟花爆竹
       D. 法律规定的时间以外都不得随意燃放

四、问答与叙述

    1. 为什么要禁止燃放烟花爆竹？
    2. 为什么很多城市解除了禁止燃放烟花爆竹这一规定？

第二段 贫困的哲学

内容提示：这段录音选自地方广播电台的节目。记者在采访了贫困地区麻山乡之后，分析了麻山乡之所以贫困的两个原因，总体上说都和思想观念有关。记者的分析是说理性的，口语特点不太突出，有些词语有较重的文学味道，如"十字架"、"提篮小卖"、"举足轻重"等。

生词

哲学	zhéxué	philosophy
陈旧	chénjiù	old-fashioned
安扎	ānzhā	settle
救济	jiùjì	provide relief/assistance 用钱物救助灾民或生活贫困的人。
间断	jiànduàn	be interrupted
愁	chóu	worry
维持	wéichí	sustain
水平线	shuǐpíngxiàn	level
依赖	yīlài	depend
篇章	piānzhāng	chapter 文学作品中分出的有一定独立性的部分，这里指重要的部分。
人均	rénjūn	per capita
耕地	gēngdì	arable land
举足轻重	jǔ zú qīng zhòng	significant
商品经济	shāngpǐn jīngjì	commodity economy

注释

1. 十字架：据基督教《新约全书》记载，耶稣被钉死在十字架上。因此基督教徒就把十字架作为信仰的标记，也看作受难或死亡的象征。课文里指的是精神上、思想上的负担，是他们贫困的根本原因。

2. 穷得叮当响：指家里特别贫困，特别穷，什么都没有。由于家里是空荡荡的，所以发出的声音特别响。

3. 出杨梅的地方：出，出产、产生，常指某地、某时比较集中地出产或产生一些有特点的物品和人物。如：
(1) 山西是中国出煤最多的地方。
(2) 改革开放初，中国出了一大批乡镇企业家。

4. 按说：即按道理说，按常理说，按一般情况说。在用法上往往是后面的意思否定了前面的意思，即按道理说应该这样，而事实上却不是这样，但是后面的话常常被省略。如：
(1) 这么晚了，按说他应该回来了。（事实上他并没回来）
(2) 你们两口子的事，按说我们不应该管。（事实上他们正在管）

5. 稳获：稳，很有把握。"稳"的后面常常加上一个单音节动词，组成一个双音节短语，表示这个动作很有把握。如稳拿、稳挣、稳得、稳赢、稳卖等。

6. 提篮小卖：指在农村，用篮子或自行车带着一些小商品走乡串户去卖东西。这种"提篮小卖"的商贩买卖很小，流动性很大，特别适合于偏远的农村。

 **练习**

一、听两遍录音后，根据录音内容填空

1. 谈话人认为，麻山乡贫困的第一个原因是_____。
2. 谈话人认为，麻山乡贫困的第二个原因是_____。

二、再听两遍录音后，选择正确答案

1. A. 陈旧的观念 　　　　　　　B. 贫困的思想
   C. 国家的救济数量不足　　　　D. 人们太容易满足了

2. A. 生活富裕了　　　　　　　　B. 不能满足最基本的生活需要
   C. 形成一种错误的观念　　　　D. 背上了沉重的十字架

3. A. 要想富就得依靠国家救济
   B. 要想得到国家救济就得穷
   C. 国家给救济才能过上好日子
   D. 对这种救济他们不满足

4. A. 依赖，等待　　　　　　　　B. 只可以搞点提篮小卖
   C. 收获的杨梅都自己吃掉　　　D. 没有商品经济观念

5. A. 盛产杨梅　　　　　　　　　B. 土地很少
   C. 每年每户杨梅收入300多元　D. 每户可以收杨梅一二百公斤

6. A. 需要送亲戚朋友　　　　　　B. 他们不缺少钱
   C. 对做买卖很反感　　　　　　D. 他们自己喜欢吃

三、根据课文内容，解释下列词语

1. 贫困哲学
2. 十字架
3. 国家的救济
4. 陈旧的自然经济观念
5. 举足轻重的地位

四、问答与叙述

1. 国家不间断的救济给这个村带来了什么好处和坏处？
2. 以杨梅为例，说说这个村村民们的经济观念。

第三段　曝光闯红灯者

内容提示：这段录音反映的是上海市治理交通秩序的一个新举措——曝光闯红灯者。这一举措虽然在减少屡教不改的乱穿马路行为上起到了一定的效果，但由于种种原因，可行性受到了制约。本段录音发音清楚，语速在300字/分钟左右，有一定难度。

肆意	sìyì	recklessly 失去约束，由着性子去做。
屡见不鲜	lǚ jiàn bù xiān	be no rare sight
便衣	biànyī	plainclothes man on duty
筛选	shāixuǎn	select 去掉差的留下好的，去掉不需要的留下需要的。
曝光	bào guāng	exposure
面子	miànzi	face 表面的虚荣。
屡教不改	lǚ jiào bù gǎi	refuse to mend one's ways despite repeated disciplinary actions 多次教育仍不改正。
未必	wèibì	not necessarily 不一定。
探索	tànsuǒ	explore

1. **高招儿**：招儿，指办法、措施、主意，用于口语。高招儿，即好办法。相反的意思是损招儿、坏招儿。如：

（1）这回我是没招儿了。
（2）现在很难说你这是高招还是损招儿。

2. 好使不好使：好使，即好用，指工具、办法等用起来有效，在本段录音中指的是措施。如：

(1) 岁数大了，我的脑子有点儿不好使了。
(2) 我看你这方法不一定好使。

3. 抓拍：拍摄照片和录像时不是特意摆设场景、安排人物姿态等，而是抓住时机把现场实际发生的事情摄入镜头。这些照片和录像很有新闻价值。

4. 曝光：借用摄影行业术语，比喻把隐秘的事（多指不光彩的）显露出来，让大家知道。如：

(1) 这件事情在报上曝光后，引起了很大轰动。
(2) 学生们对给考试作弊者曝光的看法很不一致。

一、听两遍录音后，根据录音内容填空

1. 抓拍下来的违章照片被送交 _____。
2. 违章照片将在 _____ 的单位和沿街商务楼宇内展览曝光。
3. 给违章者曝光是从 _____ 交通秩序和 _____ 市民文明度的角度出发的。
4. 彻底解决乱穿马路的办法是 _____。

二、再听两遍录音后，选择正确答案

1. A. 5种　　　　　　　　　　B. 4种
   C. 3种　　　　　　　　　　D. 2种

2. A. 抓拍乱穿马路的人　　　　B. 把照片交给区文明办
   C. 经过筛选给以曝光　　　　D. 找到这些人给以处罚

3. A. 便衣交通协管员　　　　　B. 穿制服的交通协管员
   C. 便衣交通警察　　　　　　D. 穿制服的交通警察

4. A. 非常大　　　　　　　　　B. 没有效果
   C. 有一定作用　　　　　　　D. 从根本上解决了这个问题

5. A. 因为违章者将被罚款 　　　　B. 因为违章者将受到处分
   C. 因为中国人很爱面子 　　　　D. 以上说法都不对

6. A. 市民素质低 　　　　　　　　B. 人口太多
   C. 很多人屡教不改 　　　　　　D. 流动人口太多

7. A. 是个好办法 　　　　　　　　B. 没用
   C. 可以提升市民素质 　　　　　D. 不是很有效的方法

三、问答与叙述

1. 给闯红灯者曝光这一举措的效果如何？
2. 介绍一下上海治理交通的这个"高招儿"。

第四段　回忆郑和下西洋

内容提示：本文取材于中央电视台的"焦点访谈"栏目。郑和是中国明代伟大的航海家，他为什么要进行远洋航行？为什么能进行远洋航行？他的航行又为历史发展做出了哪些贡献？录音中的受采访者是北京大学历史系教授，下面我们就一起听听郑和远航的历史。本文表达清晰，发音较标准，语速适中，在230字/分钟左右。由于不是大家所熟悉的题材，所以生词语较多，有一定难度。

 生词

环球	huánqiú	round-the-world
壮举	zhuàngjǔ	feat 豪迈的举动，伟大的行为。
回首	huíshǒu	to look back at
率领	shuàilǐng	to lead; to conduct; to head; to command
庞大	pángdà	tremendous
浩浩荡荡	hàohào dàngdàng	majestic
告谕	gàoyù	inform
首领	shǒulǐng	leader
头人	tóurén	leader（usually referring to the chief of tribes or some minorities）
礼制	lǐzhì	norm of etiquette（laid down by the state）
历书	lìshū	almanac
含量	hánliàng	content
青花瓷	qīnghuācí	blue and white porcelain 涂有淡青色釉的瓷器。

农具	nóngjù	farm tools
无敌	wúdí	without equal
肩负	jiānfù	bear
亲善	qīnshàn	amicable
历时	lìshí	take
奔波	bēnbō	rush about
遗体	yítǐ	corpse
广阔无垠	guǎngkuò wúyín	boundlessly broad
归宿	guīsù	resting place 人或事的最终着落。
舰队	jiànduì	fleet
征服	zhēngfú	conquer
摧毁	cuīhuǐ	destroy
振兴	zhènxīng	promote 通过发展使兴盛起来。
远见	yuǎnjiàn	foresight 远大的眼光。

 专名

郑和	Zhèng Hé	人名。	Zheng He
哥伦布	Gēlúnbù	人名。	Columbus
达伽马	Dájiāmǎ	人名。	da Gama
麦哲伦	Màizhélún	人名。	Magellan
李约瑟	Lǐyuēsè	人名。	Joseph Needham

 注释

1. 环球航行：是指环绕地球的航行，1519年9月20日麦哲伦率领船队开始了远航，最终第一次证明了"大地球形说"。

2. 西洋：指我国南海以西的海和沿海各地，并不是指欧洲大陆。

3. 永乐皇帝：即明成祖朱棣（1360—1424），明朝第三个皇帝，明太祖朱元璋的第四个儿子。

4. 历书：排列年、月、节气等供人们查考的工具书。历书在中国古时称"通书"或"时宪书"。在封建王朝的时代，由于它是皇帝颁发的，所以又称"皇历"。

一、根据录音第一段的内容填写下列表格

时间顺序	人名	航海的时间	航海目的地
1	郑和		
2	哥伦布		
3	达伽马		
4	麦哲伦		

二、听前半部分录音后，选择正确答案

1. A. 郑和、哥伦布、达伽马、麦哲伦
   B. 哥伦布、郑和、达伽马、麦哲伦
   C. 郑和、麦哲伦、达伽马、哥伦布
   D. 达伽马、哥伦布、郑和、麦哲伦

2. A. 是郑和的生日　　　　　　B. 是郑和去世的日子
   C. 是郑和开始航海的日子　　D. 录音中没有提到

3. A. 证明大地球形说　　　　　B. 进行文化交流
   C. 和当地人做生意　　　　　D. 建立友好的国际秩序

4. A. 精神层面和文化交流的　　B. 精神层面的和手工艺品
   C. 文化用品的和手工艺品　　D. 手工艺品和科技含量高的

5. A. 历书、丝织品、铜钱、手工艺品
   B. 瓷器、武器、铁器、农具

C. 历书、机器、铁器、丝织品

　　D. 丝织品、服装、图书、瓷器

6. A. 庞大的海上商队　　　　　　B. 无敌的海上武装

　　C. 肩负着战胜敌人的使命　　　D. 和当地人民友好的交往

三、根据倒数第二段的录音，判断下面句子的正误

1. _____ 2. _____ 3. _____ 4. _____ 5. _____ 6. _____

四、听最后一段录音，根据录音内容填空

1. 英国学者李约瑟认为郑和的船队所到之处，没有_____，留下的只是_____、_____、互利的贸易和_____，而西方航海模式留下的却是_____。

2. 600年后的今天，当我们要_____海洋资源，振兴_____的时候，我们所继承和发扬的不仅有祖先的_____和_____，还有他们的_____和_____。

五、问答与叙述

1. 结合录音说说郑和七下西洋所做的贡献。
2. 结合录音，谈谈郑和航海模式与西方航海模式的不同。
3. 你认为郑和是怎样一个人？请简单描述。

第五段　保护大象

内容提示：这段录音选自中央电视台的"东方时空"节目。在美丽的西双版纳，一群珍贵而可爱的大象被人屠杀了。录音中不仅叙述了这件事，也指出了这件事情的严重后果，同时还向人们呼吁，要保护野生动物。这段录音语速在210字/分钟左右，难度不大。

 生词

茂密	màomì	(of grass or trees) dense
屠杀	túshā	massacre
惨重	cǎnzhòng	serious 损失极为严重。
监狱	jiānyù	prison
罪犯	zuìfàn	criminal
野生动物	yěshēng dòngwù	wild animal
提醒	tíxǐng	remind
提防	dīfang	beware of 小心防备。
袭击	xíjī	surprise attack
报复	bàofu	revenge 打击批评自己或损害自⬛利益的人。
绳之以法	shéng zhī yǐ fǎ	bring to justice 根据法律给以制裁或处置。
屠刀	túdāo	butcher knife
和睦相处	hémù xiāngchǔ	live in harmony

 专名

西双版纳	Xīshuāngbǎnnà	地名。
纳版山	Nàbǎn Shān	山名。

注释

1. 自然保护区：为了保护自然和自然资源，特别是保护珍贵稀有的动植物资源，保护代表不同自然地带的自然环境和生态系统，国家划出一定的区域加以保护，这样的地区就叫"自然保护区"。

2. 热带雨林：占据地球上湿热气候区，具有多层次、多物种的森林被称为热带雨林。地处热带北缘的我国台湾、云南、海南、广西等局部地区都有分布。

3. 国家一级保护动物：我国政府按珍贵动物的具体情况分为三个级别的保护动物，一级保护动物指濒临灭绝的珍稀动物。如大熊猫、扬子鳄、黑叶猴等。

4. 栖息场所：（动物）休息、停留的地方。如：
(1) 四川、甘肃等地区有竹丛的树林是大熊猫最好的栖息场所。
(2) 保护好野生动物的栖息场所和保护野生动物同样重要。

5. 毁于一旦：多用来指来之不易的东西一下子被毁掉，十分可惜。如：
(1) 他大学苦读三年，却因一次考试作弊而毁于一旦。
(2) 辛辛苦苦盖起的三间瓦房，被一场洪水毁于一旦。

 练习

一、听两遍录音后，选择正确答案

1. A. 是中国唯一的国家级自然保护区
   B. 是亚洲象最理想的栖息场所之一
   C. 这里有茂密的热带雨林
   D. 这里有60个自然保护区

2. A. 今年一年内共有16头大象被杀
   B. 几个月里有16头大象被杀
   C. 5年内有16头大象被杀
   D. 今年年初的几天里有16头大象被杀

3. A. 16头 B. 3~4头
   C. 十几头 D. 5头

4. A. 他们自己也不明白 B. 他们不懂为什么要保护野生动物
   C. 为了卖钱 D. 没提到

5. A. 大象提防人的袭击 B. 在西双版纳大象灭绝了
   C. 在西双版纳很难见到大象 D. 大象开始报复人类

6. A. 对人类伤害大象的报复 B. 大象本来就伤害人
   C. 人们要伤害大象 D. 大象在保护自己

二、根据录音内容填空

1. 西双版纳是我国60个_____之一。这里是亚洲象唯一理想的_____。

2. 在_____的时间里，这里有_____头大象被杀。

3. 杀害大象的凶手被_____，但也发生了多起大象_____人的事件。

4. 我们相信大象会和我们人类_____，因为我们都生活在_____。

三、问答与叙述

1. 根据录音，说说16头大象被猎杀后所产生的严重后果。
2. 你认为大象能够跟人和睦相处吗？

第六段　马虎的故事

内容提示：这段录音选自中央电视台的"东方时空"节目。录音中这位主持人以在现实生活中发生的真实事件，向人们述说由于马虎而产生的恶果，有的令人捧腹大笑，有的令人胆战心惊。"马虎构成了一种罪恶"，则是这段录音要告诫人们的。这段录音语速较快，在310字/分钟左右，难度较大。

马虎	mǎhu	carelessness
腹部	fùbù	abdominal
止血钳	zhǐxiěqián	hemostatic forceps
患者	huànzhě	patient
手术室	shǒushùshì	operating room
扁桃体	biǎntáotǐ	tonsil
天方夜谭	Tiānfāng yè tán	most fantastic tale 原是古代阿拉伯故事，比喻荒诞不经的传闻或议论。
敞胸露怀	chǎng xiōng lù huái	leave one's coat/shirt unbuttoned 指衣着太随便、不严谨。
大砍大杀	dà kǎn dà shā	bargin ruthlessly 指大幅度地降低价格。

陕西	Shǎnxī	地名。
大兴安岭	Dà Xīng'ānlǐng	地名。

注释

1. 落下：落（là），多音字。落下，把东西放在一个地方，忘了拿走。如：
（1）我忙着出来，把书落在家里了。
（2）我着急赶路，又把手机落下了。

2. 偏偏：表示跟常情或别人的要求相反。如：
（1）你让我喝酒，我今天偏偏不喝。
（2）网上有很多这方面的信息，可他偏偏不会上网。

3. 修理：原指使损坏的东西能重新使用，这里是幽默调侃的说法，意思是进行操作、治疗等。如：
（1）把他"修理"一顿。
（2）你还是回到农村去"修理"地球吧。

4. 更有甚者：指更过分的事情。前边的情况已经比较严重了，后边一般紧接着指出更严重的情况。
（1）今天考试时很多人说话，更有甚者，有的人还拿出书看。
（2）他不仅酒后驾车，更有甚者还公然打警察。

5. 日益：一天比一天，越来越……，日益常和后面的双音节动词或形容词组成四字短语。如日益提高、日益严重、日益改进、日益完善等。

 **练习**

一、再听两遍录音后，选择正确答案

1. A. 手术做得不太好　　　　　　B. 肚子里落下一把止血钳
　 C. 说不清什么原因　　　　　　D. 手术做错了地方

2. A. 做扁桃体手术的病人犯了心脏病
　 B. 做手术时把一个人的心脏弄坏了
　 C. 给两个病人的手术做颠倒了
　 D. 给病人做心脏手术时把扁桃体也切除了

3. A. 原来的扣子不好看　　　　　B. 原来没扣子
   C. 原来的扣子不全　　　　　　D. 原来的扣子钉得不结实

4. A. 退货　　　　　　　　　　　B. 赔偿
   C. 重新包装　　　　　　　　　D. 要便宜很多

5. A. 有人在山里抽烟　　　　　　B. 有人抽烟后不把烟头掐灭
   C. 有人抽烟引起了森林大火　　D. 大兴安岭遭到破坏

6. A. 5个　　　　　　　　　　　B. 6个
   C. 4个　　　　　　　　　　　D. 7个

7. A. 马虎与认真　　　　　　　　B. 在马虎的背后
   C. 马马虎虎不是小毛病　　　　D. 马虎是一种罪恶

二、根据课文内容，解释下列词语

1. 马虎
2. 落下
3. 修理
4. 天方夜谭
5. 大砍大杀

三、问答与叙述

1. 列举录音中提到的几个有关马虎的故事。
2. 为什么说马虎在科技日益发达的新世界里是一种罪恶？

第七段　有偿失物招领公司

内容提示：这段录音录自中央电视台的访谈节目。围绕着有偿失物招领公司该不该收取费用这个问题，失主和公司之间产生了尖锐的矛盾。有偿失物招领公司的出现引发了道德和法律两个层面，生活与生意二者关系的争论和思考。本段录音较长，但发音标准、逻辑性强。对于像这样篇幅较长，内容较复杂的录音，应重点训练学生掌握文章大意和主要观点的能力。

生词

失而复得	shī ér fù dé	recoup 失去的东西又得到了。
升级	shēng jí	upgrade 从较低的等级或年级升到较高的等级或年级，也指战争规模扩大或事态紧张程度的加深。
渠道	qúdào	channel
线索	xiànsuǒ	clue
助人为乐	zhù rén wéi lè	take pleasure in helping people 把帮助别人作为快乐。
腰包	yāobāo	purse 钱包
驱动	qūdòng	drive
铤而走险	tǐng ér zǒu xiǎn	take a risk in desperation 因走投无路而采取冒险行动。
销赃	xiāo zāng	dispense stolen/counterfeit goods
违背	wéibèi	disobey
拾金不昧	shí jīn bú mèi	return lost property to the rightful owner 拾到别人的东西不归为己有。
基金会	jījīnhuì	foundation

营利	yínglì	seek profit
刺耳	cì'ěr	harsh
威严	wēiyán	dignity
银两	yínliǎng	tael (money) 钱财。
随行就市	suí háng jiù shì	fluctuate in line with market conditions 随着市场的行情而变动价格。
出手	chūshǒu	give out
俺	ǎn	I (northern dialects)
兴旺发达	xīngwàng fādá	prosper
完璧归赵	wán bì guī Zhào	return something intact to its owner 比喻把原物完整无损地归还本人。
生意经	shēngyìjīng	knack of doing business
僵硬	jiāngyìng	stiff
单调	dāndiào	monotonous 简单重复而缺少变化。
伴奏	bànzòu	accompany

 注释

1. 咋：方言词。怎，怎么。如：
(1) 咋回事，怎么还没到啊？
(2) 你昨天咋没来？

2. 不但没有违背拾金不昧传统道德，而是有助于这种拾金不昧：这里关联词使用不当，应该把"而是"改为"而且"、"反而"。

3. 够本儿：口语词，本儿，相当于"本钱"，指的是用来营利、生息、赌博等的成本钱。够本儿，即已经得到了生意的成本钱，后常指做的这件事自己没吃亏，很合算。如：
(1) 今天已经够本儿了，这些都是赚的了。
(2) 今天我杀一个够本儿，杀俩赚一个。

4. 说白了：即直说，说明白、说清楚了，是个口语词，常用作插入语。如：

(1) 做生意，说白了，就是为了挣钱。

(2) 说白了，她就是不愿意。

5. 大路朝天，各走一边：这是一句口语常用语，意思是世上的路很多，每个人走自己的路，与别人不相干。比喻自己干自己的事，与别人没关系。

6. 出手要大方些不是：出手，花钱。出手有时也有打人、打架的意思。"……不是"，这是一种反问句，表示肯定的意思。本句的意思是，花钱应该大方点儿。如：

(1) 你要早这么用功，不就不用补考了不是？

(2) 早听我的话带把雨伞，不就挨不着浇了不是？

7. 受累不讨好：这是一句常用口语句，意思是自己受到劳累，不但没有得到别人的赞赏和理解，反而被别人埋怨、批评。

练习

一、听录音，判断下列句子的正误

1. _____ 2. _____ 3. _____ 4. _____ 5. _____ 6. _____
7. _____ 8. _____ 9. _____ 10. _____ 11. _____ 12. _____

二、根据录音内容，选择正确答案

1. A. 有偿失物招领是否应该合理化
   B. 捡到东西是否应该还给本人
   C. 丢的东西失而复得后应该给拾到者钱
   D. 如果你不给拾到者钱，拾到者是否可以不给你钱包

2. A. 可以容忍　　　　　　　　B. 非常愤怒
   C. 觉得没道理　　　　　　　D. 觉得应该

3. A. 王先生付钱后得到了自己的钱包
   B. 王先生没付钱，对方没给他钱包

C. 他们的矛盾越来越厉害
D. 结果不清楚

4. A. 不费很多精力　　　　　　B. 身体好
   C. 心情好　　　　　　　　　D. 要获得精神上的收获

5. A. 交行政部门　　　　　　　B. 交警察
   C. 自己拿着　　　　　　　　D. 不知怎么办

6. A. 拾物者会不会去偷抢东西
   B. 失物招领会不会成为销赃的渠道
   C. 这个公司会不会把人们交来的失物据为己有
   D. 失主不付钱是否可以不还他丢失的东西

7. A. 非常支持　　　　　　　　B. 强烈反对
   C. 不太支持　　　　　　　　D. 不置可否

三、根据课文内容，解释下列词语
1. 失而复得
2. 铤而走险
3. 拾金不昧
4. 完璧归赵
5. 受累不讨好

四、问答与叙述
1. 关于归还钱包一事引起的争论，失主和公司负责人各自持什么态度？
2. 主持人对此事的看法是什么？谈谈你对此事的看法。

第八段　女主播与犯罪嫌疑人投案自首

内容提示：这段录音录自中央电视台的"新闻调查"节目。采访对象是中央人民广播电台"神州夜航"节目记者、主持人向飞。讲述的是她在一期节目中，帮助一名负罪在逃的犯罪嫌疑人投案自首的前前后后。语速适中、语音标准。不过篇幅较长，且有些话语需要反复理解，有一定难度。

 生词

何去何从	hé qù hé cóng	what course to follow
可信度	kěxìndù	reliability
导播	dǎobō	person in charge of organizing and directing radio broadcasting
折中	zhézhōng	compromise 综合不同的意见，提出适中的意见。
负案在逃	fù'àn zài táo	be on the run with filed criminal case
嫌疑人	xiányírén	suspect
自首	zìshǒu	surrender
渴望	kěwàng	desire
外壳	wàiké	outer layer
投案自首	tóu'àn zìshǒu	surrender oneself to the police
放弃	fàngqì	give up
水到渠成	shuǐ dào qú chéng	the channel is readily formed just as the water comes—success is assured when conditions are ripe 比喻条件成熟，事情自然成功。
陪同	péitóng	accompany 陪着（重要人物）一起

		从事某项重要活动。
电波	diànbō	electronic wave
抉择	juézé	choice 重大的、关键性的选择。
挽救	wǎnjiù	save
受众	shòuzhòng	audience
无视	wúshì	ignore
回复	huífù	respond

神州夜航	Shénzhōu Yèháng	Divine Land Night Flight (the name of a radio program) 中央人民广播电台的一个节目。
向飞	Xiàng Fēi	人名。
辜三儿	Gū Sānr	人名。
辜海军	Gū Hǎijūn	人名。

1. 念头：心里的打算。口语中常用。其中"头"读作轻声，可以接在一些单音节动词后边，构成双音节名词。类似的还有想头、听头、看头、说头等。如：

(1) 想得到这份礼物的念头她早就有了。

(2) 你还是趁早打消这个念头吧，他才不会听你的呢。

2. ……所在：文言表达方式，但现代汉语常常用，表示存在的地方。如病因所在、力量所在、问题所在等。

3. 亲笔：亲，亲自。意思是自己动手写的，强调不是别人代替的。类似的用法还有亲手（做的）、亲眼（看到的）、亲耳（听到的）、亲口（说的）、亲身（体会）等。

4. 哪怕只有两个字：哪怕，表示假设或让步，常和"也"、"都"连用。

如：

(1) 哪怕只有我一个人去，我也一定要去西藏。

(2) 哪怕今天不回家，我们也要把这件事干完。

有时根据语言环境，后半句可以省略。录音中说的"哪怕只有两个字"，省去了"我也一定要回信"。如：

(1) 哪怕你们都不去（我一个人也去）。

(2) 哪怕你白给我（我也不要）。

 练习

一、听两遍录音后，选择正确答案

1. A. 那条短信在节目一开始便发
   B. 那条短信语言表达非常准确
   C. 那条短信发在节目开始之前
   D. 那条短信发得非常及时

2. A. 向飞的手机上
   B. 电台的直播热线上
   C. 电台的电话上
   D. 电视台的直播热线上

3. A. 这是向飞的本职工作
   B. 这是发短信人的要求
   C. 短信有一定的可信度
   D. 向飞对短信很感兴趣

4. A. 与其他人不一样的地方
   B. 与其他人一样的地方
   C. 对亲情、爱情的追求
   D. 对投案自首的恐惧

5. A. 告诉罪犯亲情、爱情可以重新回来
   B. 开导罪犯投案自首并不可怕
   C. 不断地和罪犯通话交流
   D. 告诉他政府会宽大处理他

6. A. 大年初三时决定的
   B. 要到北京投案自首
   C. 最后是他自己决定的
   D. 是和向飞通话几天后决定的

7. A. 心里特别欣慰
   B. 感到特别意外
   C. 陪同罪犯自首
   D. 通过电波把这件事讲述给大家

8. A. 自认为自己的罪不重
   B. 在向飞的开导下他认为自己还有救
   C. 爱人的指责与开导
   D. 良心上的不安

9. A. 尽职尽责
   B. 对得起受众
   C. 有一颗敏感的心
   D. 留心身边的事

10. A. 不能无视受众
    B. 不能忽略受众
    C. 尽量回复受众
    D. 以上答案均正确

11. A. 对工作负责
    B. 真诚地沟通
    C. 领导的意见
    D. 满足受众的要求

二、根据课文内容，解释下面的词语
    1. 负案在逃
    2. 投案自首
    3. 水到渠成
    4. 抉择
    5. 挽救

三、问答与叙述
    1. 把这个故事简单叙述一遍。
    2. 向飞怎样对待这样一个犯罪嫌疑人？为什么？

第六单元

实况话题

说明：这一单元进入了实况汉语与话题相结合的阶段。在录音中，我们会听到不同的交际环境及周围的背景音，有的还会出现几种不同的背景音。谈话人也不再限于主持人与嘉宾的一对一，而是出现多个谈话者。因此对学生的听力水平要求较高，不仅要求学生从嘈杂程度不同的背景音中听出录音的有效内容，还要听出每个谈话者不同的观点和看法。由于是实况，说话人会有些语无伦次、语焉不详的现象，口语词汇、短语较多。这可以使学生逐步提高听懂普通人在自然状态下言语表达的能力，同时可以适时适量地根据录音的内容进行话题表述的练习。

第一段　家教与纳税

内容提示：这段录音通过乌鲁木齐市的调查，揭示出了目前较普遍的教师业余家教收入不断提高却没有纳税这一敏感而新鲜的话题。确实，由于各地都追求高考、中考的升学率，使得教师的家教颇有市场，教师本人收入不断提高，问题是这种收入由于其隐蔽性而无法由税务机关控制。这段录音并不长，但生词不少，且有"灰色收入"、"盲区"等较难理解的新词新语，因此难度略高。

 **生词**

截至	jiézhì	up to
申报	shēnbào	declare
获取	huòqǔ	earn
升学率	shēngxuélǜ	rate of entering a higher school
默许	mòxǔ	tracitly consent to 不明确说出，而暗示同意或许可。
不等	bùděng	vary
高达	gāodá	(figure) reach
隐蔽	yǐnbì	concealed
监控	jiānkòng	supervise and control
盲区	mángqū	blind spot 常用来比喻尚未被认识的某些事物。

 注释

1. 地税局：即地方税务局，主要任务是收缴地方税，在各省、直辖市、自治区，以及各县、市都设有，与"国税局"（收缴国家税的部门）相区别。

2. 灰色收入：现在泛指一切不违法但又不公开的收入。如兼职报酬、业余劳动所得等。因为这些收入都不反映在工资表中，透明度介于白色收入（公开收入）和黑色收入（非法收入）之间，所以称作"灰色收入"。

3. 备感头疼：即感到非常麻烦，没有好的解决办法。"备"在这里是副词，意思是"完全"、"都"，常组合成备感、备受、备至等。如：
(1) 劝了多次他都不改，父母真是备感头疼。
(2) 来自北京的客人在这里备受优待。
(3) 初到中国，老师们对我真是关怀备至。

一、听两遍录音后，根据录音内容填空

1. 乌鲁木齐大约有_____名教师从事家教，他们每人每月的家教收入在_____到_____元不等。

2. 很多学校认为，教师在外面做家教既可以补充_____的不足，又可以提高_____，因此很多学校默许老师_____。

3. 教师家教收入比较_____，是税务机关难以监控的_____，也是税务人员备感头疼的纳税的_____。

二、听录音，判断下列句子的正误

1. _____ 2. _____ 3. _____ 4. _____
5. _____ 6. _____ 7. _____ 8. _____

三、根据课文的内容，解释下列词语

1. 申报纳税
2. 默许
3. 灰色收入
4. 盲区

四、话题讨论

1. 乌鲁木齐市的调查显示了什么问题？
2. 你觉得灰色收入应不应该纳税，应该怎样解决这个问题？

第二段　夫妻谈新居

内容提示：这段录音选自中央电视台的"焦点访谈"节目。记者在采访一对儿刚刚搬进新居的夫妇。从谈话中我们可以知道老百姓居住条件所发生的变化。"上公厕"、"伞撑不开"、"屋里漏"、"买煤"、"安烟筒"等都是对过去住房情况真实而形象的描述。被采访的女主人说话可能坦率，但是很真实。本段录音语速较快，大约为330字/分钟，偶有不顺畅和口误之处，难度较大。

生词

宽敞	kuānchǎng	spacious
挫折	cuòzhé	frustrated
舒畅	shūchàng	relaxed and happy 舒适畅快。
松心	sōng xīn	relax
踏实	tāshi	surefooted（steady） 心里安定、没有担忧的感觉。
窄	zhǎi	narrow
惦记	diànji	worry about
漏	lòu	leak
撑	chēng	prop up
受罪	shòu zuì	endure hardships 泛指遇到不顺心、不愉快的事。
安	ān	install
烟筒	yāntong	chimney 安在炉灶上用来排烟的一节一节的金属管子。
拆	chāi	remove

注释

1. 我第一是很高兴，第二是很……特别满意：这里我们看到"很"和"特别"在用法上和意义上的不同。"很"多用于很客气很随意的场合，有时"很"只起了一个音节的作用，并不一定是程度很高。而程度真的很高时人们往往用"特别"、"非常"等。如：

（1）见到你我很高兴。（多用于礼节上）

（2）见到你我特别高兴。（程度较高）

2. 绝对那什么……：用来加强肯定、否定自己或别人的话和所做的事，也可以说成"绝对的"等。如：

（1）这个饭馆儿，你去吧，又便宜，味道又好，绝对那什么……

（2）这场比赛我们赢，那是绝对的。

3. 说不好听的：这是句口头语，类似用法的还有"说实在的"、"说老实话"、"说真的"等。"说不好听的"常指自己下面说的话可能不太文雅，对方听起来不太舒服，但都是真的，是实话。录音中女的用这句口头语，就是想说她住平房时下雨打着伞去厕所的情况。如：

（1）说不好听的，你这样做太不够意思了。

（2）咱说不好听的，以后出了什么问题我可不管。

练习

一、听两遍录音后，选择正确答案

1. A. 房子宽敞，心里也宽敞
   B. 如果单位工作很顺利，到家后心里也很痛快
   C. 很高兴，也很满意
   D. 在单位工作很松心，很踏实

2. A. 房子宽敞了　　　　　　　B. 居住方便了
   C. 心情舒畅了　　　　　　　D. 不怕挫折了

3. A. 又窄又小   B. 没有院子
   C. 没有厕所   D. 漏雨

4. A. 忘了买了   B. 因为新房有煤气
   C. 因为新房有暖气   D. 买煤太受罪

二、录音中有的句子口语性很强，有的还有点儿口误，说说对下列句子的理解

1. 第二是很……特别满意。
2. 第二天影响……也不影响工作。
3. 上厕所还得打着伞，那伞又撑不开，那院儿又窄又撑不开。
4. 外面再漏，再下雨，屋里再漏。
5. 买煤受罪不说，安烟筒、拆烟筒，都得惦记着。

三、问答与叙述

1. 说说他们新居的情况。
2. 描述一下下雨的时候，原来的住房情况。

第三段　手机与夫妻关系

内容提示：本段录音选自中央电视台的"东方时空"节目，讲述了手机给现代夫妻生活带来的一些问题，同时也告诉人们要互相信任，互相尊重。本段录音发音标准，语速稍快，约为280字/分钟，篇幅较长，内容较复杂，并且有很多数字和比例，这是准确理解录音的一个重点。

 生词

火暴	huǒbào	very popular 非常受欢迎。
翻看	fānkàn	leaf through 一页一页地看，原指看书，这里是一条条地看手机短信的内容。
行踪	xíngzōng	whereabouts
情愿	qíngyuàn	be willing to
瞒	mán	lie 把真相掩盖起来。
敏感	mǐngǎn	sensitive
刺猬	cìwei	hedgehog
安慰	ānwèi	comfort
抚慰	fǔwèi	appease 安抚慰问。
隐私	yǐnsī	privacy

 注释

1. 闹：发生，常指灾害等不好的事情。如闹离婚、闹矛盾、闹饥荒、闹肚子、闹别扭等。

2. 或多或少：也许多一点儿，也许少一点儿，强调的是肯定有，但不知数量多少。如：

(1) 小李的爸爸住院了，大家或多或少都来帮帮他吧。

(2) 东北人或多或少都能喝点白酒。

3. 对号入座：原指看电影等按照自己票上的排和号，找到自己的座位。后多比喻把有关的人或事物跟自己对应联系起来。如：

(1) 本片纯属虚构，切勿对号入座。

(2) 我说的是别的学校的事，你可别对号入座。

4. 底儿掉：口语词，彻底、完全的意思，常由"一个"修饰。文中的"查一个底儿掉"的意思是完全查清楚，完全了解。如：

(1) 我把他的家庭情况查了个底儿掉。

(2) 为了了解新来的处长，他把处长的过去查了个底儿掉。

5. 吃醋：多指在男女关系问题上产生的嫉妒情绪。如：

(1) 人家都恋爱两年了，你吃什么醋。

(2) 我得回去了，我那口子可是个醋坛子，我和你们呆的时间长了，他准吃醋。

6. 一成六，三成二："成"，即十分之一。一成六即16%，三成二即32%。

7. 无助于：指对于某事没有什么好处，相反的意思可说成"有助于"。如：

(1) 只是哭，无助于解决任何问题。

(2) 多吃水果蔬菜有助于你恢复健康。

练习

一、听两遍录音后，判断正误

1. _____ 2. _____ 3. _____ 4. _____ 5. _____ 6. _____

二、根据录音内容，填写下列表格

性别	比例	对对方不同意翻看自己手机的看法
男	16％	
女	32％	
男	63％	
女	52％	
男	21％	
女	16％	

三、听录音的最后一段，根据录音内容填空

其实夫妻两个人，特别像是两只_____，需要_____，_____。但是如果你靠得太近的话，那这个刺就有可能_____到对方。其实人还是需要一定的_____的。电话这个事情，你翻看了_____解决任何问题，但是有可能会_____您的婚姻。

四、问答与叙述

1. 结合练习二的表格说说男女在这一问题上态度的异同。
2. 说说主持人最后提到的那张照片以及它说明的问题。

第四段 残疾女孩儿——李欢

内容提示：这段录音选自中央电视台的节目，讲述了一个得了绝症的女孩儿李欢的故事。我们在被这个女孩儿顽强的生活态度所感动的同时，也十分敬佩她的父母。她的父母一方面培养她的独立意识，另一方面教育她要坦然面对自己的残疾。这段录音较长，语速也稍快，平均约260字/分钟，内容较复杂，有一定难度。

一丝	yīsī	a little 一点点，多指抽象的东西。
打击	dǎjī	shock
绝望	juéwàng	hopeless
地步	dìbù	degree
镇定	zhèndìng	calm down
艰难	jiānnán	hard
严厉	yánlì	severe
克服	kèfú	conquer
残酷	cánkù	cruel
坦然	tǎnrán	calm
支撑	zhīchēng	support

1. 遍：这里是形容词，用在动词后作补语，意思是普遍、到处。录音中指去了西安所有的医院。如：

(1) 他问遍了附近的老人，也没了解到当时的情况。

(2) 我翻遍了衣柜，才找到那件毛衣。

2. 把：在这里作动量词，前边数词多用"一"，有时"一"可以省略，表示同手有关的动作。如：

(1) 听到闹钟响，他起床擦了（一）把脸就急匆匆地走了。
(2) 他推了我一把，我这才认出他来。

3. 再……都……：这是表示让步兼假设的关联词，"再"后跟形容词表示"无论多……"。前面常用"即使"、"就是"等词，"都"也可用"也"代替。如：

(1) 即使困难再大，我们都能想办法克服。
(2) 就是再好的笔，也禁不起你这么使呀！

4. 非让我自己爬起来：非，即"非……不可"，表示非常肯定，一定要做到。值得注意的是本句的"不可"二字省略了，这是口语中常见的情况。如：

(1) 这次去燕山旅游，我非去（不可）。
(2) 他越不爱说话，我越非让他说（不可）。

5. 咬着牙：指忍受着巨大的疼痛，常引申为努力克服困难，坚持做一件事。如：

(1) 在长跑比赛中，她腿抽筋了，却咬着牙坚持到最后。
(2) 大家再咬咬牙坚持一天，明天一定给大家放假。

一、听两遍录音后，根据录音内容填空

1. 录音中的女孩儿名字叫_____，她生活的城市是_____。
2. 孩子的爸爸妈妈和爷爷奶奶面临这种突然的_____，确实也_____过，确实可能也到了快_____的地步，但他们_____下来以后觉得还得_____。
3. 女孩儿面对这种_____的现实，还很_____地面对生活，她觉得这与自己的_____是很有关的，因为从小父母就把这些_____都慢慢地告诉她，所以她自己觉得好像_____。

二、听录音，判断下列句子的正误

1. _____ 2. _____ 3. _____ 4. _____ 5. _____

三、再听两遍录音后，选择正确答案

1. A. 茫然　　　　　　　　　　B. 绝望
   C. 镇定　　　　　　　　　　D. 痛苦

2. A. 不让她产生依赖别人的心理　　B. 他们有点儿烦
   C. 觉得她能自己爬起来　　　　　D. 孩子不需要

3. A. 作业本在地上　　　　　　　B. 因为要喝水
   C. 滑倒了起不来　　　　　　　D. 父母要她这么做

4. A. 我和一般的孩子不一样　　　B. 以后自己会面对更大的困难
   C. 我知道将来会是什么样子　　D. 我不知道我的将来是什么样子

四、话题讨论

1. 结合这段录音，说说李欢的父母是怎样教育她的。
2. 你觉得应该怎样对待残疾的孩子？

第五段 感 动

内容提示：这段录音录自中央电视台"实话实说"节目。被采访的观众们就一个普通大学生徐本禹的事迹进行了讨论。出身农家的徐本禹之所以引起众人的关注，缘于他在大学毕业后做出了一个惊人的选择——去贵州贫困山村小学支教两年。他反映了当代大学生的精神风貌，也让我们看到年轻一代对社会的高度责任感。如今徐本禹式的支教活动如雨后春笋般涌现，越来越多的农家子弟将享受到良好的教育。本段录音语速适中，230字／分钟左右。

 生词

示意	shìyì	gesture 用表情、动作、暗语、图形等表示某种意思。
看待	kàndài	look upon 对人或事持某种态度或看法。
番	fān	kind；sort
义无反顾	yì wú fǎn gù	principle permits no turning back
扎根	zhā gēn	take root
欲望	yùwàng	desire
吝惜	lìnxī	grudge
平凡	píngfán	regular
触	chù	move
高材生	gāocáishēng	brilliant student
默默	mòmò	quietly
执教	zhíjiào	teach 书面语词，指当老师，担任教学工作或教练。

注释

1. 没有理由……：语气肯定，强调"不应该……"。如：

(1) 你们年轻人没有理由不好好学习。

(2) 刘童的个人条件那么好，王芳没有理由拒绝他。

2. 没有理由吝惜自己的一点眼泪：表面意思是，没理由舍不得自己那点儿眼泪，或说没理由憋住不哭。实际的意思是我们应该为它动情，它值得我们感动、掉泪。

3. 化作……：化，变化。"化作……"即"变成……"，也可以说"化成……"。录音中"化作西部的一山一水……"是比喻句，意思是扎根在西部，成为西部地区不可分割的一部分。它表达了说话人对西部这块土地的热爱之情。如：

(1) 我真想化作一只小虫飞进去看看里边到底发生了什么。

(2) 她心中的千言万语化作两行热泪在脸上流淌。

4. 幸运儿："……儿"，在这里指年轻人。如弄潮儿、健儿。

练习

一、听两遍录音后，根据录音内容填空

1. 在我们正式 _____ 节目之前，我想在 _____ 做一个调查，我不知道今天 _____ 的观众有多少人知道徐本禹的。

2. 你们 _____ 徐本禹这个人，或者说你们有没有被徐本禹 _____？

3. 现在的大学生，特别是从 _____ 走到 _____ 的大学生，他们在很多的情况下都是想到 _____ 里边去干一番自己的事业。

二、听两遍录音后，判断下列句子的正误

1. _____ 2. _____ 3. _____ 4. _____ 5. _____
6. _____ 7. _____ 8. _____ 9. _____ 10. _____

三、根据录音内容，选择正确答案

1. A. 很一致 　　　　　　　　　　B. 都不一致
   C. 第三个与其他三个不一致　　　D. 前三个一致

2. A. 农村出来的大学生大多数都不想回农村
   B. 徐本禹要在那里扎一辈子
   C. 徐本禹考上了研究生
   D. 他被徐本禹的精神深深感动

3. A. 这个观众是农村来的大学生
   B. 这个观众了解农村教育的落后
   C. 徐本禹的行动满足了农村孩子的求知欲望
   D. 我们应该为他哭

4. A. 他深深被徐本禹感动
   B. 他被那些在西部工作一辈子的人感动
   C. 徐本禹是个幸运儿
   D. 感动不需要比较，也不需要理由

5. A. 城乡之间的差距让他感动
   B. 徐本禹主动去贫困山区执教让他感动
   C. 徐本禹考上研究生让他感动
   D. 看到自己的生活与徐本禹在贫困山区的生活的差距让他感动

四、话题讨论

1. 简单总结一下徐本禹的经历。
2. 观众受感动及不太受感动的原因是什么？

第六段 父女之间

内容提示：父母都希望儿女成才，对子女有这样或那样的要求，而这些要求又未必能让孩子全部接受，因此产生了两代人之间的矛盾。这是采访在各方面都难以沟通的一对父女的一段录音，父亲和女儿说出了各自的观点，同时也表达出了深藏心底的亲情与爱，十分感人。录音中一些口语色彩较浓的词语，是人们经常使用的。

生词

涌	yǒng	rise；emerge 水冒出来，这里比喻一个想法突然产生，冒出来。
颓废	tuífèi	decadent
拖（地）	tuō (dì)	reach the floor 东西很长，接触到了地面。
毛边儿	máobiānr	unhemmed 粗糙的、没有加工过的（衣服的）边缘。
任性	rènxìng	selfish；spoiled
牺牲	xīshēng	sacrifice
沉浸	chénjìn	immerse
模式	móshì	model
清高	qīnggāo	(of character) pure and lofty
尖子	jiānzi	the best 最优秀的人。
造就	zàojiù	mold；train
成天	chéngtiān	all day 整天。
鬓角	bìnjiǎo	sideburns
换位	huànwèi	switch positions 交换位置，指站在对方的立场上思考问题。

注释

1. 顺眼：看着舒服，指事物符合自己的标准和要求，多用于否定。如：
(1) 这件衣服看着不怎么顺眼。
(2) 他把头发染成了红的，我看着实在不顺眼。

2. 响鼓在重槌敲：响鼓，能发出响亮声音的鼓，这里比喻有潜力、能有更大发展的人。在，在于。重槌，很重的鼓槌，这里比喻严格要求学生的老师。录音中说"响鼓在重槌敲"，意思是要想让一个人有更大发展，发挥所有潜力，就要不停地督促他。俗语中有"响鼓不用重槌敲"的说法，指聪明的、有出息的孩子，不需要家里怎么督促。后来人们又活用为"响鼓仍需重槌捶"，意思是对聪明的、有出息的孩子仍须督促。

3. 冲突一番：一次冲突。番，量词，次。"番"和"次"的不同点是，"番"表现出努力地做、认真仔细地做、做得很认真。如：
(1) 以前他拒绝让孩子出国学习，但经过一番思考后，他终于同意了。
(2) 每次决定做一件事，这家人都要好好讨论一番。

4. 气他归气他，但他是我爸爸：虽然生他的气，但他是我爸爸，我还是关心他、爱他。这里的"气他"，是"生他的气，他让我生气"的意思。A归A，但是B，表示A是一件事，B是另一件事，不能把A和B联系在一起，A对B没有影响。如：
(1) 这个礼物好归好，但我不能接受。
(2) 原谅归原谅，但这并不表示我们还能做朋友。

练习

一、听录音父亲落泪的一段后填空

1. 女儿说："父亲在_____的时候会流泪。"
2. 女儿看到父亲流泪时实际上也挺_____的，平时_____，但是他是自己的爸爸。有的时候看着他鬓角白了，女儿心里挺_____的。
3. 母亲希望父女俩能够从_____上有互相_____的问题，互相_____。

二、听两遍录音后，选择正确答案

1. A. 学习 　　　　　　　　　　B. 穿着
   C. 爱好、兴趣 　　　　　　　D. 脾气、性格

2. A. 很长，裤边破了
   B. 很长，裤边上用动物的皮毛装饰着
   C. 很长，裤边粗糙，没经过加工
   D. 很长，裤边向上卷起来

3. A. 太贵 　　　　　　　　　　B. 颓废
   C. 挺顺眼 　　　　　　　　　D. 又长又肥

4. A. 怕把书弄脏了
   B. 让父母以为她在看英语书
   C. 把小说和英语书区分开
   D. 欺骗老师

5. A. 创造读小说的气氛
   B. 不让父母发现她看小说
   C. 不让父母看见自己哭了
   D. 使自己读书的样子更美丽

6. A. 学习必须很优秀，其他方面一般就行
   B. 身材瘦高
   C. 长得漂亮，瘦高，学习又好
   D. 各方面都要最优秀

7. A. 总打她 　　　　　　　　　B. 很少鼓励她
   C. 不管她 　　　　　　　　　D. 逼她听严肃音乐

8. A. 不应该听
   B. 不如流行音乐好
   C. 年龄小，还不能理解
   D. 中学生学习忙，没时间听

9. A. 吵得时间太长了
   B. 女儿太生气了
   C. 忘记了为什么吵架
   D. 事情太小了，不知道开始为什么吵架

10. A. 不适应　　　　　　B. 嫉妒
    C. 着急　　　　　　　D. 愤怒

三、听录音后，判断下列句子的正误

1. _____ 2. _____ 3. _____ 4. _____ 5. _____

四、话题讨论

1. 父亲说女儿"不能为了将来获得更大的自由牺牲目前的某些不自由"，说说你对这句话的理解。
2. 根据录音中的实例，说说父亲理想中的女儿是什么样的。
3. 分析一下这对父女各自的道理。

第七段　博士生与贫困

内容提示：邱鹏是中国人民大学的博士生，他一边上学，一边寄钱给贫困山区的孩子，因为他自己曾经也是一个贫困家庭的孩子。录音中，邱鹏告诉大家他是怎样既取得了优秀的成绩，又帮助家里摆脱了贫困，同时还资助了几个山区的孩子。我们还会在录音里听到两位电视观众谈自己的感受。录音中层次清晰、逻辑性强。录音语速较快，生词量也较大，特别是成语较多，因此有一定难度。

生词

资助	zīzhù	give financial aid 用给钱的方式来帮助别人。
不菲	bùfěi	exorbitant 指价格、费用比较高。
稿酬	gǎochóu	payment for a manuscript
外债	wàizhài	loans
感悟	gǎnwù	feeling and realization
负债	fù zhài	go into debt 欠人钱财。
翻天覆地	fān tiān fù dì	world-shaking 形容变化很大。
转折	zhuǎnzhé	turn (in the course of events) 改变原来的发展方向和情况。
攀比	pānbǐ	compare
自强自立	zì qiáng zì lì	strive independently
难能可贵	nán néng kěguì	commendable 很难做到的事竟然做到了，这种精神品质或情况很宝贵。
回避	huíbì	avoid
自卑	zìbēi	feel inferior
震撼	zhènhàn	shake

截然不同	jiérán bùtóng	entirely different	完全不一样。
消沉	xiāochén	low-spirited	

随州	Suí Zhōu	地名，位于中国湖北省。

1. 以贫困作为一面骄傲的旗帜：旗帜，原来是相当于"旗子"，这里指具有号召力、促使人不断进步的某种思想力量。"面"是旗帜的量词。这句话指贫困是邱鹏不断进步的力量。"以……作为一面旗帜"，是比较固定的用法。如：

(1) 我们要以和平发展作为一面旗帜，并向着这个方向努力。

(2) 大家都以他的先进事迹作为不断向前奋斗的一面旗帜。

2. 连线：是一个流行词语，意思是电视台接通现场以外的观众的电话，让他对着镜头、话筒谈论某些感想。

3. 上班族：上班的人们。族，这里是指具有共同特点的一类人。如单身族、有车族、持卡族等。

4. 抬不起头：不敢抬头看周围的人，形容自卑、做错事而惭愧、怕被别人看不起等。如：

(1) 她的工作失职使她抬不起头来，所以辞职了。

(2) 那件事使他一辈子在别人面前都抬不起头来。

与此相反的短语"抬得起头"，表示不再自卑，而是让别人看得起，得到别人的尊重。如：

(1) 你要做出一番成绩弥补自己犯的错误，才能抬得起头。

(2) 你这样做，如果被他发现，以后还抬得起头来吗？

一、听两遍录音后，选择正确答案

1. A. 邱鹏家里很有钱
   B. 邱鹏现在可以一边学习一边挣钱
   C. 为了庆祝自己考上博士
   D. 邱鹏家里也很贫困，他了解贫困学生的需要

2. A. 写书赚的钱和多年存下来的钱
   B. 奖学金和家里寄来的钱
   C. 奖学金和打工挣的钱
   D. 写书赚的钱和家里寄来的钱

3. A. 改变了家里负债的情况
   B. 改变了周围同学浪费攀比的现象
   C. 让妹妹顺利读完大学
   D. 改变了贫困孩子的学习生活状况

4. A. 邱鹏的衣着与众不同、有特点
   B. 邱鹏的思想现代，能力强
   C. 邱鹏一直都很成功、很优秀
   D. 邱鹏不依靠别人，自强自立

5. A. 贫困　　　　　　　　　B. 面对贫困的良好心态
   C. 自卑心理　　　　　　　D. 自强自立的精神

二、听录音后，判断下列句子的正误

1. _____ 2. _____ 3. _____ 4. _____ 5. _____

三、话题讨论

1. 结合录音说说邱鹏是怎样面对贫困的。
2. 说说你是怎样看待邱鹏的求学经历的。

第八段　误读中国

内容提示：从古到今，外国人一直用不同的视角看中国，理解中国。由于种种原因，外国人对中国常常不能做到准确的了解与认识。这段录音对外国人看中国的视角做了分析，也讨论了如何让外国人真正了解中国。录音中出现了一些俗语、惯用语，还有一些比喻，增加了录音的难度。

生词

误读	wùdú	misunderstanding 本来指不小心读错了字，这里的意思是错误地理解。
千奇百怪	qiān qí bǎi guài	all kinds of strange things 形容各种各样奇怪的事物。
罗列	luóliè	list
古已有之	gǔ yǐ yǒu zhī	be around since ancient times 古代就已经有了。
人间乐园	rénjiān lèyuán	paradise on earth 形容非常美好的地方。
美化	měihuà	glorify
善意	shànyì	goodwill 善良的心意。
恶意	èyì	hostile
丑化	chǒuhuà	uglify
使团	shǐtuán	ambassador；delegation
野蛮	yěmán	barbaric
极端	jíduān	extremeness
词条儿	cítiáor	entry （i.e. in dictionary）
对应	duìyìng	corresponding

内涵	nèihán	connotation
隔	gé	obstruct
隧道	suìdào	tunnel

 注释

1. 马可·波罗、大汗：马可·波罗是意大利旅行家。大汗，是指元世祖忽必烈。马可·波罗1275年来到上都（今内蒙多伦县西北），后在中国长期居住。著有《马可·波罗行记》一书，主要介绍东方国家的富庶、昌盛。

2. 爆炒：原来是烹调用语，指用大的火力炒菜。现在是一个流行词语，意思是在一段时间里，为了扩大人或事物的影响，花很大的精力和钱财，通过媒体反复做夸大的宣传。如：

（1）经多家媒体的爆炒，这位歌星名气大振。

（2）媒体对这一事件的爆炒，使广大群众非常反感。

3. 无商不奸，无民不盗，无官不贪：没有一个商人不狡猾虚伪，没有一个老百姓不偷东西，没有一个官员不贪污。"无+名词+不+动词/形容词"的意思是没有一个不这样，即所有的人或事物都这样。类似的用法如无人不知、无人不晓、无往不胜、无所不知、无所不为、无奇不有、无孔不入、无坚不摧等。

4. 就像是一层窗户纸，一捅就破：以前的窗户上没有玻璃，而是一种很薄的纸，用手指轻轻一捅窗户纸就破了。这句话用来形容一件事看起来复杂、很难做，其实只要用一个简单的方法就能解决。意思是很容易解决，强调的是要抓住问题的关键。如：

（1）他俩现在的关系就像一层窗户纸，可谁也不好意思捅破。

（2）这个问题看起来很难，其实就像一层窗户纸，一捅就破。

5. 搭（一点儿）边儿：两个事物有点接近，有点联系，但这点儿联系也不是很大。如：

（1）这个问题大家回答得都不太好，只有小李的回答还搭点儿边儿。

（2）他们俩一个是科学家，一个是歌手，工作上一点儿也不搭边儿呀！

一、听一遍录音后填空

1. 我们可以看到他们的误读实际上只有两类。一类是把中国_____的，_____的误读；那还有另外一种类型，就是_____的，_____的。

2. 英国的访华使团从中国回去以后爆炒中国印象，他们说中国_____，_____，中国无商不奸，无民不盗，无官不贪。他们总是把中国非常_____、_____。

3. 第二位嘉宾认为消除误读这项工作是一个_____的研究，不是一层窗户纸，是很长的_____。

二、再听两遍录音后，选择正确答案

1. A. 认为他把中国丑化了
   B. 认为他把中国美化了
   C. 认为他书里写的符合当时中国的实际
   D. 认为他没读懂中国的书

2. A. 汉语词典　　　　　　B. 汉英词典
   C. 英语词典　　　　　　D. 汉语字典

3. A. 消除中西方的误读　　B. 让中国人编
   C. 多和中国人合作　　　D. 向中国人问真实的情况

4. A. 有的翻译人员英语不好，汉语好
   B. 翻译人员汉语不好，英语好
   C. 有的翻译人员英语汉语都不好
   D. 汉语英语的词汇不完全对应

5. A. 知道中国的情况
   B. 要学好中文和英文

C. 要了解中国和外国的情况
　　D. 了解外国的情况

6. A. 认为需要很长的时间
　　B. 认为不可能做到
　　C. 认为有办法做到
　　D. 认为这是一项艰苦的工作

7. A. 这件事不难做到
　　B. 这件事不可以做到
　　C. 这件事很难做到
　　D. 这件事要经过艰苦的努力才可做到

三、话题讨论

1. 举例说说外国人对中国的两类误读。
2. 结合录音说说怎样才能消除误读现象。

录音文本与参考答案

第一单元　各行各业

第一段　地球村

录音文本

钟义信　（北京邮电大学副教授）：改革开放以前呢，具体讲，1975年，有一次，因为我有点事情，要打个电话，回我们江西老家。那么，当时电话很少了，个人家里肯定没有电话了，办公室里有电话，但是不能打长途啊，所以我跑到北京电信大楼，就是长话大楼那个地方。那么打电话呢，人啊还挺多，要排队，先坐到那儿，然后轮到了，等了两个钟头。轮到了以后呢，进到电话厅，拨了号以后，还半天才接通。接通之后呢，打电话呢噪声还挺大，很费劲，扯着嗓门喊，喊了半天，喊得喉咙都哑了，才打完一个电话。非常难过啊，很难受。

记　者：通信手段的不断变化，和社会经济的发展之间是什么样的一种关系？

钟义信：可以说通信啊，就是经济建设当中一个非常重要的手段。像现在大家讲，把一个地球都叫做一个地球村，靠什么把它变成一个村呢？就是靠的通信。所以这种社会进步它就依赖于人们合作的程度，而这种合作呢，就靠大家通过通信的交流信息。这样子呢，所以呢，经济的发展是通信发展的一个原动力，没有咱们国家经济建设的重心，转移到这个地方的话，通讯呢还是不行。社会越进步，人跟人的交往会越来越多，要交流，要互相学习，要互相合作。那么，这种交流、学习、合作呢，是个信息过程，这个信息过程呢就要利用通信网来支持。

练习一：听录音，判断下列句子的正误
1. 这位教授1975年往江西老家打电话很不容易。
2. 那次他等了两个小时才轮到他打电话。
3. 那时办公室没有电话，所以他去电信大楼打电话。
4. 那时家里电话不能打长途。
5. 电话没接通，所以他觉得很难受。

练习二：听录音后，选择正确答案
1. 1975年非得去长话大楼打电话的原因不包括下面哪一点？
2. 关于那次他给老家打电话的情况，下面哪一点不对？
3. 那次打完电话后，他的心情如何？
4. 为什么可以把地球叫做地球村？
5. 从钟教授的谈话中可以知道通信和经济是什么关系？
6. 关于社会的进步与信息过程，下面哪一点是正确的？

参考答案

一、1. √   2. √   3. ×   4. ×   5. ×
二、1. B   2. D   3. A   4. C   5. B   6. A

第二段　关于磷污染

录音文本

记　者：这个磷对于这个污染的这个危害主要表现在什么方面？

洪　渊（深圳环保监测站副站长）：它在水体中的话，磷的话呢含量过多会造成这个水中的生物迅速地话呢疯长，耗掉这个水中的氧气，那么然后呢使这个水质的话呢恶化，造成鱼虾死亡。

记　者：从这几年的情况来看，这种被污染的这个趋势是不是有这种越来越严重的趋势？

洪　渊：那么从我们这几年的监测情况来说的话呢，河流的话呢是有这种趋势，磷的呢含量在逐年递增，那么这就是说我们使用这个有磷的洗衣粉的话呢有很大的关系。

俞文尉　（深圳广进化工有限公司副总经理）：从目前来看，老百姓有一个误解，就认为环保产品呢就一定不是很好用，好用的产品呢不环保。其实啊这是一个误解。所以由于存在这个误解呢，这个产品在市场上还会受到一定的这个阻力，加上无磷洗衣粉比这个有磷洗衣粉的价格上要适当高一些，就是刚才我讲的大概有10%~20%的这个成本上的上浮，所以造成这个价格也偏高一点，所以老百姓在这两个条件的影响下呢，在市场上不是很容易接受得了。

练习二：听记者和第一个人的对话，判断下列句子的正误

1. 磷的危害主要表现在对水的污染上。
2. 水中植物迅速生长的原因是水中的氧气越来越多。
3. 磷的增加对鱼虾的生命没有影响。
4. 最近几年河流中磷的含量一年比一年多。
5. 很多人使用有磷的洗衣粉使得河水中磷的含量越来越多。
6. 磷的含量逐年递增有利于水中动物的生长。

练习三：听两遍录音的最后一段，选择正确答案

1. 谈到磷对水的危害，下面哪个顺序是正确的？
2. 老百姓的误解是什么？
3. 由于存在误解，可能出现的情况不包括下列哪项？
4. 老百姓不太容易接受的是下面哪一种洗衣粉？
5. 老百姓不愿意接受无磷洗衣粉的两个原因是什么？

参考答案

一、1. 含量过多　水中的生物　氧气　恶化　鱼虾死亡
　　2. 监测情况　严重
　　3. 递增　有磷的洗衣粉

二、1. √　　2. ×　　3. ×　　4. √　　5. √　　6. ×

三、1. B　　2. C　　3. A　　4. B　　5. A

第三段　感动哈尔滨的男孩儿

录音文本

主持人：记得2005年有一位年仅九岁的小朋友用自己的行动给了成人的世界一个偌大的惊喜。这位小朋友名叫孙慧熙，在"2005年十大感动哈尔滨人物"的评选当中，孙慧熙出人意料地当选，成为这次活动当中年纪最小的感动人物。那么他到底做了什么事儿才赢得这么高的荣誉呢？这些荣誉又对一个孩子的成长产生什么样的影响呢？

孙慧熙：小的时候啊，爸爸妈妈就把我送农村去，和农村的小伙伴一起生活。渐渐地我发现哪他们的衣服都带补丁的，他们的学校把铅笔盒——根本就没有铅笔盒，都是用布包着的铅笔，然后用捡来的铅笔头绑上小竹棍儿再用。我看见他们在这么艰苦的环境下还能努力学习、奋发图强，我觉得我应该为他们做一些什么。我吧，和爸爸妈妈……因为那时候才四五岁儿呀，去江边挖沙子去，结果挖……挖了两个那个大长的铝管子，然后第二天拿到废品收购站，卖了二十多元钱呢。从此我认为捡废品吧是最适合我的方式了。

主持人：从此以后在哈尔滨的大街小巷上，在不经意间，人们会发现一个九岁的小男孩，他衣着整洁、朴素，背着小书包，正低着头，专心致志地在街头搜寻，只要看见了能卖钱的废品就决不放过。

孙慧熙：目标就是默默捡废品。因为吧，别人都说我对名利特别淡泊，有的时候吧，去学……就是怎么说呢？上电视啊……去学校我还是跟就像没像上电视，像平常一样什么事也没发生一样。我认为吧，这些完全代表是我的昨天，不代表我今天还是这样，我应该努力学习才对。

主持人：为了捡到更多的废品，换更多的钱、帮助贫困小朋友，孙慧熙搭上了很多的课余时间，寒假、春节他更不会放过。

父　　亲：正是由于媒体的广泛的关注，或者是社会各界的那种关注，让一个孩子变得越来越和这原本的孩子不一样了，和原来的那个孙慧熙、和四年前的孙慧熙不一样了。

母　　亲：孩子呢我觉得还是需要保持一个非常平静的、平淡的那种生活空间，因为他毕竟是孩子，让孩子保持一个他应有的那种纯真和天真，让孩子呢平淡地去生活，去享受他童年的快乐。嗯，这样更有利他今后的成长。

练习一：听录音的前两段，判断下列句子的正误

1. 孙慧熙快九岁了，生活在哈尔滨。
2. 孙慧熙小时候在农村生活过。
3. 孙慧熙小时候生活艰苦，用捡来的铅笔绑上小竹棍儿再用。
4. 孙慧熙捡废品是为了买新的文具盒儿。
5. 孙慧熙觉得捡废品是适合自己的帮助农村孩子的方式。
6. 孙慧熙自己第一次捡到的废品是一根长铝管子。
7. "2005年十大感动哈尔滨人物"的荣誉对他的成长产生了影响。

练习二：听两遍录音的后半部分，选择正确答案

1. 下面哪一点不符合孙慧熙的情况？
2. 孙慧熙对待名利的态度是什么？
3. 孙慧熙为什么节假日也去捡废品？
4. 爸爸妈妈对孩子出名的看法是什么？
5. "让孩子保持一个他应有的那种纯真和天真"这句话的意思是什么？

参考答案

一、1. ×　　2. √　　3. ×　　4. ×　　5. √　　6. ×
　　7. √
二、1. A　　2. C　　3. D　　4. B　　5. B

第四段　广州房地产

录音文本

最近，广州的房价也是备受关注，因为，一向平稳的广州房价也开始有些蠢蠢欲动的。五一期间，广州新推出的大约120个楼盘当中，90平方米到120平

方米的大户型占到了八成多。按照均价7000元每平方米来计算的话，揣着20万元，也难以付首付，与大众的购房需求是大相径庭的。《羊城晚报》的记者采访了一位业内人士，揭开了其中的奥秘。他说，小户型由于间隔墙、厨房、卫生间比较多，成本是远大于大户型。而且呢，开发商把整个楼盘全部建成大户型，然后配套较好的装修和服务，就可以把整体的价格再提升500到1000元，利润较高。开发商是当然钟情于大户型了。目前，广东省建设厅已经注意到了这一问题，正准备在土地出让合同当中规定住宅的套数。希望呢，以此来限制楼盘开发大户型的豪宅。

练习一：听录音，判断下列句子的正误

1. 广州的房价最近也开始上涨了。
2. 开发商喜欢小户型，大众则喜欢大户型。
3. 新推出的楼盘中小户型占绝大多数。
4. 小户型指的是90平方米以下的房屋。
5. 有20万元也很难付首付是因为户型太大。
6. 大户型的平均价格是每平方米7000元。
7. 大户型成本较低，利润较高。
8. 政府准备控制小户型住房的开发。

练习二：听录音，选择正确的答案

1. 关于大户型的特点，不包括下面哪一点？
2. 关于"揣着20万元"，下面哪个说法是正确的？
3. 小户型为什么成本远大于大户型？
4. 开发商为什么钟情于大户型？
5. 业内人士揭开的奥秘是什么？
6. 政府限制开发商的根本目的是什么？
7. 大众需要小户型的主要原因可能是什么？

参考答案

一、1. √   2. ×   3. ×   4. √   5. √   6. √
　　7. √   8. ×

二、1. B 2. C 3. D 4. A 5. D 6. D 7. B

第五段 吸烟有害心理健康

录音文本

国外呀有心理学家呀指出，吸烟不光呢对人的身体健康有害，而且呢危害人的心理卫生。美国啊有一个女记者叫琳娜，她专门对一些女性吸烟者呀进行了调查，她调查的结果是，女性吸烟呢多数是出自她们心理的需要。比如一些少女吸烟，就是对未来的生活和世界比较好奇和迷茫。从事一些低等职业，比如妓女一类的人吸烟呢，是为了掩饰自己的紧张和羞耻的心理。还有一些个婚姻不如意的人呢，或者家庭妇女吸烟，她们是为了填补自己空虚的心境。还有一些妇女呢，她们是陷入工作狂状态了，她们通过吸烟，想松弛一下神经。但是呢琳娜发现，这些所有妇女啊，通过吸烟以后呢，不仅没有减轻自己的心理上的毛病，相反，在吸烟的过程中，她们心理疾病呢加重了。

练习一：再听两遍录音后，选择正确答案

1. 录音中提到的那个美国记者对女性吸烟的调查结果是什么？
2. 哪种人吸烟是出于对未来世界的迷茫？
3. 哪种人吸烟是为了掩饰内心的紧张？
4. 哪种人吸烟是为了填补内心的空虚？
5. 哪种人吸烟是为了松弛一下神经？
6. 下面哪一个题目最能概括这段录音的内容？

练习二：听录音后，判断下列句子的正误

1. 吸烟不但危害人的身体健康，而且危害心理健康。
2. 琳娜调查的结果是女性吸烟对身体健康有害。
3. 少女吸烟主要是因为好奇心。
4. 妓女吸烟是为了掩饰真实的心理。
5. 家庭妇女吸烟主要是因为婚姻不如意。

6. 陷入工作狂状态的妇女吸烟后神经松弛了。

参考答案

一、1. B　　2. B　　3. B　　4. A　　5. C　　6. D

二、1. √　　2. ×　　3. √　　4. √　　5. ×　　6. ×

三、1. 女性吸烟者　多数是出于她们的心理需要
　　2. 四　少女　比较好奇和迷茫　从事一些低等职业，比如妓女一类的人　紧张和羞耻的心理　不如意的人　家庭妇女　自己空虚的心境　陷入工作狂　松弛一下神经
　　3. 减轻自己的心理上的毛病　她们的心理疾病

第六段　治理白色污染

录音文本

记　者：我们的生活中每天都有这么，这么多的这个一次性的塑料制品产生，那么它到底会带来哪些危害呢？

袁德富（国家环保总局污染控制司）：一次性塑料制品，它的重量很轻，体积也很大，收集、运输都很困难。如果把它加工成塑料，新的塑料制品的话，因为你的这个清洗费用啊，再加上这个人工费用啊，那么它的成本就很高。所以呢，你即使把它加工成制品，那么销路也都存在问题。因此呢，大量的这个一次性制品，基本上没有人来回收，都全部进入生活垃圾了。如果说这些制品进入生活垃圾它比较好处理，它比较在自然环境状态下比较好分解，那也好办。恰恰是呢，这个塑料的性质也很稳定，你比如说在与纸呀或其他制品相比，自然状态下日晒雨淋呀或者是埋在土壤里面，它可能就是长期的不分解，原来是什么状态，若干年以后它可能还是什么状态。我们，嗯，现在我们国内的情况呢，生活垃圾还只能以填埋为主要处理方式，如果长期这么不加以限制发展下去，将来就很难再找到地方处理这些垃圾。

练习二：再听两遍录音后，选择正确答案

1. 下面哪一点不是一次性塑料制品的性质？
2. 为什么不把一次性塑料制品加工成新的制品？
3. 目前我国的一次性塑料制品怎么处理？
4. 根据录音，一次性塑料制品的危害主要表现在哪个方面？

练习三：听录音，判断下列句子的正误

1. 一次性塑料制品的危害很大。
2. 目前一次性塑料制品一部分被回收，一部分进入生活垃圾。
3. 一次性塑料制品经过很长时间都不会分解。
4. 应该对一次性塑料制品进行再加工。
5. 纸制品在自然状态下比较好分解。
6. 一次性塑料制品进入生活垃圾比较好处理。

参考答案

一、1. 重量　体积　收集　运输
　　2. 稳定　纸或其他制品　日晒雨淋　土壤　不分解
　　3. 填埋　限制　处理这些垃圾
二、1. B　2. C　3. A　4. D
三、1. √　2. ×　3. √　4. √　5. √　6. ×

第七段　一荣一耻

录音文本

　　两件事情都发生在五一期间，一荣一耻，形成了非常鲜明的对比。首先来说一说"荣"，是未及脱衣，跳进水塘救母子。说是在深圳的莲花山公园，一个小孩不慎落水了，情急之下，不会游泳的妈妈跳进湖里来救孩子。危急时刻，正在陪儿子逛公园的刘玉明马上跳进湖里，把母子俩人都救上岸，避免了一场悲剧的发生。刘先生很自豪，儿子看到了他救人的行为，他觉得，这是给

儿子做了一个好榜样。不过令人遗憾的是，被救的那母子俩上岸之后，竟然是一走了之。再来说这一耻。恳求搭载，到了深圳却赖账，也是前两天在广东惠州市，一男一女以钱包被偷，身无分文为由，恳求一名摩的司机送他们回深圳，到深圳以后呢，再付车钱。因为摩托车异地载客是违法的，司机本来不想去，可是看到他们很可怜，最终还是答应了他们。可是到了深圳以后呢，两人翻脸不认账，害得司机是连加油的钱都没有了，只好推着车，走了四个小时。对于这位摩的的司机来说，明知违法还要做，结果只能是自吞苦果。而那两位男女呢，报道就说，坐车赖账，可耻。

练习一：听录音，判断下列句子的正误
1. 一荣一耻都发生在五一期间的广东省。
2. 刘先生为了在孩子面前自豪而救人。
3. 被救的母子对刘先生表示了感谢。
4. 那对男女以没有钱为理由恳求搭载。
5. 这位摩的司机不知道搭载违法，所以答应了他们。
6. 那对男女因为没有钱，所以赖账，值得同情。

练习二：听录音，选择正确的答案
1. 这段录音主要说了什么？
2. 录音中说的"避免了一场悲剧的发生"，这里的"悲剧"指什么？
3. 那位摩的司机为什么同意搭载？
4. 那对男女为什么恳求搭载却又赖账？
5. 下面哪一项是谈话人对摩的司机的态度？

参考答案
一、1. √　2. ×　3. ×　4. √　5. ×　6. ×
二、1. D　2. B　3. C　4. D　5. D
三、1. 陪儿子逛公园　跳进湖里　悲剧的发生　自豪　好榜样
　　2. 钱包被偷，身无分文　付车钱　翻脸不认账　加油的钱　推着车

第八段　神　童

录音文本

主持人：13岁就读大学了，是吧？

魏永康：是的。

主持人：你最早跟你的同龄儿童表现出完全不一样的这个能力是几岁开始的？

魏永康：是从两岁开始的。当时我妈妈认为我比较聪明，所以在墙上写满了很多字，让我一边爬墙一边认，结果到两岁的时候就认识4000多个字。

主持人：两岁以前妈妈就在墙上写字让你认了？

魏永康：对。之后到四岁的时候我妈妈就买了很多的初中数学方面的书，一边看着这本书，一边教我。

主持人：好玩儿吗？你觉得有意思吗？

魏永康：我当时觉得解方程比在地上玩儿有意思。

主持人：他觉得解方程式比在地上玩儿有意思。你有没有觉得你的记忆力就是比别的孩子好？

魏永康：那个时候也觉得一些。

主持人：有一些，你是……你是觉得自己夸自己不好意思，是吧？那没关系，让张海威来夸一夸。

张海威：是的，特别是在他六岁的时候，他是偶然地就看到两本书，是高中的物理跟高中的化学，然后他自己就看了一个多月的时间，就是努力去看，基本就都会了。

主持人：你怎么这么神奇？六岁就已经把高中的物理都……。你是特别喜欢是吧？

魏永康：第一是特别喜欢书上的东西，第二可能是那些书写得很通俗易懂。

主持人：你在几岁的时候，你在四岁的时候读的是一年级吗？

魏永康：我六岁开始读小学，但是一入学就读二年级。然后到了八岁的时候，老师看到我初中的东西都学会了，所以报告县教育局局长。经过研究之后，认为我可以直接去上初中。

主持人：八岁就直接去上初中了？

魏永康：是的，当时县教委派了六个老师来考察我的能力。

主持人：六个老师考你一个？

魏永康：对。

主持人：考了哪些方面？

魏永康：首先一个老师问我一个三位数乘三位数的乘法，我当时学到了很多快速计算的方法嘛，所以不到一分钟就算出来了。其次是另外一个老师给某一年的高考卷子给我做。我花了半了钟头做完，那是100分的卷子，我得了76分。

主持人：天哪！我越听越冒汗，八岁的时候已经做高考卷了？

魏永康：是的。

主持人：哇！我觉得我很汗颜。我，我高考的时候十……17岁，天哪！17岁的时候你已经考到这个中科院了。哈，我们整个差一个时代，感觉。那六个老师这样轮番考，考你考了多久？

魏永康：大概考了三个钟头。

主持人：三个小时。那么这六个老师考你的科目涉及到了哪些？

魏永康：涉及到语文、数学、物理、化学和历史、地理方面。

主持人：等于说你三个小时考了七门课。

魏永康：嗯。

主持人：然后这六个老师统一给出了一个认定，觉得你是可以上初中的。

魏永康：对。

主持人：那么你在初中读了几年？

魏永康：我在初中读了两年，后来老师觉得我可以直接上高中了，就从初二跳到高中。

主持人：那张海威，你能给我们介绍一下，那除了他在……这个自学能力很强，能够这样跳级读书以外，他有没有别的这个才能？

张海威：他下象棋。

主持人：象棋下得好。

张海威：对，象棋在六岁的时候……五岁，对，他就能下得很好。因为他父亲很会下象棋，然后跟邻居他们就能下象棋。

主持人：你五岁的时候跟多大的人下象棋？

魏永康：跟邻居，有些时候跟我父亲一样的老人，也有一些年轻人。

主持人：他们下不过你，是吗？

魏永康：基本上能够下成平手。

主持人：他们……他们不好意思赢你吧？

魏永康：可能是。

主持人：哪有大人"欺负"小孩的，你说！那当时，在……在你的邻居，包括你的亲戚朋友之间，他们是不是就特别愿意来了解你，然后愿意考考你什么的？

魏永康：当时邻居经常考我，比如算数学题目啊，背唐诗啊。

观　众：这个如果让你重新选择的话，选择一次的话，你愿意还做一个神童，还是愿意做一个普通人？

魏永康：我愿意做一个普通人吧，做一个神童压力太大，而且不一定比普通人过得好。

练习三：听录音的前半部分，判断下列句子的正误

1. 这个孩子17岁就读大学了。
2. 两岁时他开始在墙上写字。
3. 他四岁时妈妈就买了初中的数学书教他。
4. 他从小就觉得自己的记忆力比其他孩子好。
5. 六岁时他看完高中物理和高中化学只用了不足一个月。
6. 他是四岁读的小学一年级。
7. 他在小学只上了两年。
8. 他六岁时已经做高考卷了。
9. 他做高考卷时只用了半个小时。
10. 六个老师考他时没涉及到英语。

练习四：听录音的后半部分，选择正确答案

1. 关于他的升初中的那次考试，下面哪点不正确？
2. 他在高中读了几年？
3. 考初中时都考了下面哪些科目？
4. 他在象棋方面怎么样？
5. 邻居和亲朋好友常常考他什么？
6. 他为什么不愿意做神童？

参考答案

一、

年龄	活 动 内 容
2岁	表现出与别的孩子完全不一样
4岁	跟妈妈学初中数学
6岁	自学高中物理和化学
6岁	上小学
8岁	上初中
10岁	上高中
13岁	上大学
5岁	跟大人下象棋

二、1. 4000　解方程　在地上玩儿
　　2. 自己特别喜欢　通俗易懂
　　3. 普通人　神童

三、1. ×　2. ×　3. √　4. √　5. ×　6. ×
　　7. √　8. ×　9. √　10. √

四、1. B　2. A　3. B　4. A　5. C　6. D

第二单元 不同语境

第一段　考博前奏

录音文本

主持人：由于考生报考哪所院校读博就必须到该校参加考试，所以许多招收博士生的院校从一周前就陆续有外地的考生赶来。一时间不光校内招待所，就连附近的招待所的宾馆也都住满了考博的学生。记者了解到，招待所爆满的原因主要是价格低廉。

记　者：这里是北京大学附近的一个普通的招待所，工作人员告诉我呢，他们这里有30多间房，80多个床位，在一周之前陆续就有很多考博的学生已经住了进来。这两天呢，这附近的招待所更是全部都已经客满了。那么这些考博的学生住的条件怎么样呢，我们一起来看一下。

像这么一个四人间呢，一天的房钱是两百元，平摊到每一个考生的身上呢，只需要50块钱，这对他们来说是比较容易承受的。

记　者：咱们这儿还有空房吗？

服务员：没有了，这两天都住满了。

记　者：都是些什么人住这儿？

服务员：好像考博的吧，学生。

记　者：你来了几天哪？

考生（1）：我来了三天。因为……其实我来三天，但是很多同学啊，在这边考博的同学，很多一周之前就来了，因为他们担心没有住的地方。

主持人：除了担心没有地方住，做好心态调整也是考生提前到来的重要原因。

考生（2）：呃……就想先早一点儿到……到这儿，然后能够专心地复习，用十多天的时间好好复习复习，然后在心理上啊，调整一下，然后更好地迎接这个考试。

主持人：记者还走访了中国人民大学、首都师范大学等考博热门院校，发现这里的招待所也都是客满，有些考生出于方便考虑，也会选择价格比较低廉的宾馆。记者随机采访了几位考生后发现，他们大多对自己的生活成本精打细算，每天的花销包括吃饭住宿一般不超过100元。在报考院校有同学的考生干脆住进同学的宿舍，这样一来，几天的住宿费用就省下了一笔不小的开销。

练习一：听两遍录音后，选择正确的答案

1. 招待所爆满的原因不包括下面哪一点？
2. 如果一个学生住一个四人间的房间，每天他需要花多少钱？
3. 下面哪一点不是很多考博的考生提前去学校的原因？
4. 考博的学生为了省钱，有很多做法，下面哪种不是他们的做法？

练习二：再听一遍录音，判断下列句子的正误

1. 考生不一定必须到自己所报考的院校参加考试。
2. 考博的学生最愿意住的是学校附近的招待所。
3. 在考试一周前就有人在招待所住下了。
4. 一天50元的住宿费，对很多人来说不易接受。
5. 调整好心态对一个考生来说非常重要。
6. 在北京各个大学的招待所都住满了考博的学生。
7. 大多数学生每天的开销在100元以内。
8. 实在没办法，有的考生住进了同学的宿舍。

参考答案

一、1. B 2. C 3. A 4. A
二、1. × 2. × 3. √ 4. × 5. √ 6. ×
    7. √ 8. ×

第二段　考研与文凭

录音文本

主持人：我真的还想问一下王野斌啊，会不会有一天忽然发现呢，真是在实际工作当中呢有一些觉得有些东西做不了了，这样再去回到学校里再去学习一下，有没有这种冲动？

王野斌：我首先考虑肯定是自学。

主持人：还是不愿意回大学校园是吧？

王野斌：哎呀，大学……其实大学挺浪费时间，挺牵扯精力的，所以我不愿意浪费时间。

主持人：王野斌呢因为有这个比较特殊的能力啊，所以他的……这个……有点儿独行侠的色彩。我也很尊重你这个做法。行，问一下常先生。哎，你来到北京找工作，有没有想过念完这个第二学位之后呢，到时候像李楠这样再考一个硕士研究生？那样的话，在中国找工作会更容易一些。

常先生：就是啊。刚……刚才找着一个好老板，正在考虑这个硕士。

主持人：是吧，真有这个想法是吧？

常先生：因为我想做点儿研究这一方面的话，最好也有这样的一个老板，其实对他的这一方式也没有……

主持人：即使想去考研，也是为了想提高自己的能力，去考研是吧？

常先生：对对对。

主持人：这个，李楠马上要考第三次研了啊。

李　楠：对啊。

主持人：我说句那什么，不太好听的话啊，就是万一、假如、不幸这次又功亏一篑了，还会第四次考么？

李　楠：前提是先说一下啊，你所谓的"万一"、"假如"等等等等，各种不幸我想是不会出现，因为我非常有自信。因为第二次考研嘛，因为心理变动比较大，这回经过长时间的等待，这种"万一"不会存在。所以您说的这个"如果这次失败了，你还会不会再考"，说实话，我从来没有想过这个问题，因为我觉得志在必得。

主持人：对。这样我觉得一个有理想的人呢，也是值得我们尊重的。我们这样，鼓掌预祝李楠呢考研成功，好不好？

李　楠：谢谢，谢谢！谢谢各位。

主持人：有人这么说，说这个关系呢是泥饭碗，是容易碎的；文凭呢，是铁饭碗，是会锈的；这个能力呢是金饭碗，有可能让你终身受益啊。今天呢，再次感谢大家。

练习一：听两遍录音后，选择正确的答案

1. 王野斌不愿意回到大学校园的原因是什么？
2. 为什么说王野斌有点儿独行侠的色彩？
3. 现在常先生在北京干什么？
4. 将来常先生在北京想做的事没提到下面哪项？
5. 李楠是一个什么样的人？
6. 李楠今年是第几次考研？

练习二：再听一遍录音，判断下列句子的正误

1. 常先生因为没有找到工作，所以他打算再考研。
2. 李楠参加过三次研究生考试。
3. 李楠很有决心，他正在准备第四次考研。
4. 李楠觉得他第二次考研心理变动比较大。
5. 经过了长时间的等待，李楠认为这次考研不会失败。

参考答案

一、1. D　　2. A　　3. B　　4. A　　5. B　　6. C

二、1. ×　　2. ×　　3. ×　　4. √　　5. √

三、

泥饭碗	关系	容易碎
铁饭碗	文凭	会生锈
金饭碗	能力	终生受益

第三段　交通规则与文明程度

录音文本

徐占庭　(北京市公安交通管理局和平里中队教导员)：呃，违反交通规则的行为呢，一个是交通意识差，再一个，我觉得也是一个人呢文明程度差。有些人违章了，自己不以为耻，为荣不为荣单说，肯定不觉得寒碜，而且，其他的人也不觉得这种现象不好。其实他的违章，一个给他自己造成不安全，第二他威胁了别人的行车正常行驶，所以说，从今天说这很不文明。

记　　者：平时过这路口的时候，有没有意识要看一下信号灯？

违章司机A：有，应该的。

记　　者：那为什么今天就没有注意呢？

违章司机A：今天有点那什么……特殊情况。

记　　者：您知道，这个红灯意味着什么吗？

违章司机B：我以为这红灯啊，是这样，晚上不是他那个就是……就是到那个时间的话，它不就说，根据交通情况，就可以自己过去了。

李德灵　(北京市公安交通管理局法制办公室主任)：机动车闯红灯，既害人也害己。对个人来说，出现了事故以后，轻则要被罚款，吊扣、吊销驾驶证，重则呢，还要被追究刑事责任。

练习二：听录音后，选择正确答案

1. 下面哪点不是出现违反交通规则现象的原因？
2. 关于违反交通规则造成的危害，下面哪种说法不正确？
3. 对课文中的违章司机评价正确的是哪一项？
4. 机动车闯红灯后，会受到怎样的处罚？

练习三：判断下列句子的正误

1. 第一个说话人认为违反交通规则的原因，一是交通宣传差，二是人们的文明程度低。

2. 有些人认为违章是光荣的。
3. 有些人认为违章不是什么丢人的事。
4. 违章不会给自己带来危险。
5. 违章使自己不能正常行使。
6. 违章是很不文明的。
7. 违章司机A违章的原因是没有意识到红灯亮了。
8. 违章司机B对自己违章的原因解释为他对夜间的交通规则理解有问题。
9. 机动车闯红灯对自己对别人都不好。
10. 机动车闯红灯要吊扣驾驶证。
11. 机动车闯红灯出了事故后，严重的要判刑。

参考答案

一、1. 交通意识差　文明程度差
　　2. 造成　威胁　正常行驶
　　3. 闯红灯　事故　罚款　吊扣　吊销　追究刑事责任

二、1.　D　　2.　A　　3.　B　　4.　A

三、1.　×　　2.　×　　3.　√　　4.　×　　5.　×　　6.　√
　　7.　×　　8.　√　　9.　√　　10.　×　　11.　√

第四段　冯骥才找年意

录音文本

主持人：临近春节，作家冯骥才特意来到了天津杨柳青寻找过年的感觉。

冯骥才（作家）：最近这十来年呢，我每年都到……就是春节到腊月二十三号到三十儿以前这个阶段里边，我都要到这个天津市西郊杨柳青镇或者静海去一趟，主要看一看这个地方民俗的变化。因为这个地方，因为大城市年味越来越淡了，可是杨柳青镇，从历史上，年味儿就比较浓，但是这两年我觉得杨柳青镇上好像年味儿也逐渐淡了起来了。这个卖年画儿，这是一个比较集中的地方，这街道两边都是年画摊儿，大家都可以买到那些木版的杨柳青年画，今年都没有了。我到那个……集中起来那个集市上去看，这样的年画也没有了。

记　　者：越来越像一般的大城市了。

主持人：走出杨柳青镇，在靠近农村的年货市场上，在拥挤的购物人流中，冯骥才终于找到了他要寻找的年意。

记　　者：你好，这是您采购的年货？

老　　人：对，对，对。

记　　者：这是一次，今天一天买的？

老　　人：今天一天买的。

记　　者：这一车够吗？过年？

老　　人：还不够，还得买点儿，我这个……起码还得再买一车就完了。

冯骥才：我觉得到这可以感到了一种普通的老百姓他们那个对生活的感情，对于生活的一种热情。你可以看看人们在年货市场挤来挤去也可以感到年意，你再看看人们买东西的那种表情你更可以感到年意。

练习二：再听两遍录音后，选择正确答案

1. 课文中冯骥才所说的"年味儿"指的是什么？
2. 冯骥才认为这两年杨柳青镇的年味儿怎么样？
3. 以前在杨柳青镇的什么地方就可以买到木版的年画？
4. 冯骥才在什么地方找到了年意？
5. 关于那位购物的老人，下面哪种说法是对的？
6. 冯骥才到了这里有很多感受，下面哪一点不是他的感受？

参考答案

一、1. 寻找过年的感觉

　　2. 腊月二十三号到三十儿以前

　　3. 民俗

　　4. 感情或热情

二、1. D　　2. A　　3. B　　4. C　　5. A　　6. D

第五段 山羊与环保

录音文本

主持人：中国有世界上最好的羊绒。被称为"软黄金"的优质羊绒的产量呢，中国占全世界产量的3/4，有的时候高达4/5。相信很多人听了这样的消息的时候都会非常骄傲，但有一位老者，每看到这条消息就会非常地愤怒，甚至于说是痛心疾首。今天我们把这位老者请进我们的演播室，他就是北京农学院退休的78岁的陈俊生副教授。

记　者：那么陈老，为什么你看到这样的消息的时候会特别生气呢？

陈教授：因为呀我觉得山羊啊是使我们国家贫困地区更贫困的主要原因。比方说，1983年，我带着这个国家提出来的种草植树、发展畜牧是贫困地区脱贫最有效的方式这种课题，到昌平燕山深山区，11户的人家沙岭子养着840只山羊，人均收入年仅79元。我就研究为什么是这样贫困？哦，后来我研究出来了，山羊是造成贫困的主要原因。为什么？因为山羊它的两个角像铲子，把树皮给铲掉。它两个嘴，它的一张嘴像一把钳子，它四个蹄子像四把镐，把草根都刨出来吃光了。因此呢造成了植被严重破坏，水土严重流失。

记　者：到94年底的时候，做过一个统计，全国存栏的山羊有1.23亿头，一只羊给这个环境带来的破坏它有多大？

陈教授：大概是一只山羊啊恐怕有5亩到10亩的这个这个植被都不够它吃的。

记　者：一年？

陈教授：一年。

记　者：就是这个，据说很多非常富裕的国家，它并不是养山羊的。

陈教授：对，世界上富裕的国家它都不养，所以有一句话说是什么了，说是"第三世界养，第二世界纺，第三世界……第一世界享"。你看这不就说明问题了吗？

记　者：您现在四处呼吁不要养山羊，那可能断了很多人的财路，是不是也有人对你这个呼吁不养山羊恨你？

陈教授：我想它应该拿小尾寒羊来代替山羊，它就会体会出来养羊的乐趣，养羊的经济收入。他到那时他会感谢党，感谢国家。其实有很多，有些畜种远远能够代替山羊的嘛。比方说，鲁西高腿多羔小尾寒羊就是很好的一个畜种，为什么不能拿这代替？这个羊，就是家养一只高腿羊，不愁油盐酱醋粮；家养两只高腿羊，两年三年盖新房；家养三只高腿羊，等于家中开个小银行。

练习一：听两遍录音后，选择正确答案

1. 关于羊绒，下面哪种说法是不正确的？
2. 对于养山羊，陈副教授非常生气的原因不包括下面哪一点？
3. 为什么说山羊是使中国贫困地区更贫困的原因？
4. 为什么说山羊破坏环境？
5. 关于山羊，下面哪种说法是正确的？
6. 关于养小尾寒羊的好处，录音中强调哪一点？

练习二：听录音，判断下列句子的正误

1. 中国的优质羊绒的产量占世界的五分之三到五分之四。
2. 陈俊生副教授觉得山羊是使我们国家贫困地区更贫困的主要原因。
3. 山羊之所以使贫困地区更贫困，原因是山羊产羊绒太少。
4. 山羊有两个嘴四个蹄子。
5. 山羊破坏环境主要是因为它吃草太多。
6. 养山羊对环境没有多大危害。
7. 非常富裕的国家都不养山羊。
8. 养小尾寒羊的收入比养山羊高。
9. 陈副教授建议大家不要养羊。
10. 陈副教授说养小尾寒羊可以很快脱贫致富。

参考答案

一、1. D 2. C 3. C 4. B 5. C 6. B
二、1. × 2. √ 3. × 4. × 5. × 6. ×
　　7. √ 8. √ 9. × 10. √
四、1. 不愁油盐酱醋粮
　　2. 两年三年盖新房
　　3. 家中开个小银行

第六段　换手机

录音文本

主持人：小杨是一家外企的职员，从1999年开始用手机到现在的七年时间里，他已经换了十多个手机了，在他的家里随处都可以见到闲置的手机。他给我们讲述了换手机的经历。

小　杨：当时买了手机主要就是因为工作需要，然后可能会需要打电话。因为买了手机以后就不用再满……满世界地去找这个公用电话亭儿了，而且当时可能有BP机在身上，和手机配合一下会比较方便。

主持人：可是这种便捷马上就显得微不足道了。不知道从什么时候起，身边的人都流行起用短信沟通。于是他只能又换了一个发短信更加方便的手机。

小　杨：因为当时周围的朋友可能都开始习惯于发短信来联系，然后我就会发现我那个中文发短信很不方便。所以后来我就觉得，是不是可以有一个更……更高端、更好……更好一些的这个方便的输入法。

主持人：电话的通话功能和短信功能都满足了，按说这个手机应该用得住了。可是没过多久，市面儿上又开始流行起带摄像功能的手机了。

小　杨：然后，很多人买了手机以后看在街上随便……到处拍啊，然后我看到以后都非常好奇。然后觉得，哎，挺有意思的，所以后来就买了一部手机，然后也有带摄像和照相功能的回……回来试。

主持人：带摄像功能的手机的确让小杨新鲜了一阵儿，可拍了一阵儿照片之后，摄像功能就很少去用了，又赶上手机推出一个上网的功能，于是小杨又换了一个可以上网的手机。

小　杨：有时候坐车、等车的时候，可能会根据心情拿着手机下一两个比较搞怪的铃声，别人给我打电话的时候，周围的人就可以看到说，哎，他的铃声会比较新，然后可能大家就会这样，觉得哎，投来一个比较……比较羡慕的这样一个……比较这样一个特殊的眼光吧。

主持人：后来又因为工作原因，小杨先后换了智能手机和双模手机。现在这些旧的手机还放在家里，基本派不上什么用场，扔了还觉得可惜。可即便是这样，小杨还是会经常浏览一些手机的网站，看看又出了什么新手机。

练习一：听两遍录音后，判断下列句子的正误
1. 小杨是一家外企的老板。
2. 小杨在1999年一年的时间里换了十几个手机。
3. 小杨的手机有不少是闲置的。
4. 当时买手机是小杨公司要求的。
5. 他的手机不能发短信，所以他买了一部能发短信的手机。
6. 小杨看到别人用手机照相感到很好奇，所以他也买了一部可以照相的手机。
7. 小杨觉得可以上网的手机是最先进的手机。
8. 如果你的手机铃声很怪很新，别人会觉得你也很奇怪，不可理解。

练习二：再听两遍录音后，选择正确答案
1. 关于小杨买手机，下面错误的说法是哪一项？
2. 按照小杨买手机的先后顺序，下面哪种手机功能的排列顺序是正确的？
3. 下面哪点是小杨多次换手机的主要原因？
4. 小杨现在是怎样看待手机的？

参考答案

一、1. × 2. × 3. √ 4. × 5. × 6. √
    7. × 8. ×
二、1. D 2. C 3. B 4. D

第七段　加厚塑料袋儿

录音文本

按照北京市政府定的规定，5月1日之后，所有经营中使用的塑料袋儿的厚度都要在0.025毫米以上，这种超厚的塑料袋儿便于人们重复使用。

王大卫：厚了以后，要扔到外面可能不容易吹上来，这样能减少树挂的现象。第二个呢就是提高成本。没有禁用之前，商贩可以随便地提供，因为很便宜，甚至一分钱几个这种超薄的，或者几分钱一个，他很不在乎。所以消费者呢，也就是比较愿意承受，就是有点儿不用白不用这种状态，这样造成塑料袋儿的使用量很大。现在提高成本呢，能够使这种塑料袋儿的使用量大大的削减。

这家菜市场在使用了统一制作的厚塑料袋儿之后，塑料袋儿的使用数量果然有了下降。

记　者：塑料袋儿是多厚的？

张锡承（市场管理人员）：嗯，0.028的，就是超厚的了。因为咱们根据经营户的需要，就是安排了5个品种，有那么5个号吧，1号大的。大的成本是1毛5，5号的是4分钱。

记　者：用了这种超厚塑料袋儿以后，你觉得有没有什么变化啊？

经营者：变化总感觉就是比以前用量要少一点。一般来说，我们要控制它，就说顾客买菜就跟他解释，就说已经不让使用那个薄的，厚的你要的话，没自己带兜的话，厚的给你可以，但是要控制用，尽量少给你。

练习二：听录音，判断下列句子的正误

1. 北京市政府规定，五一之后所有经营中使用的塑料袋厚度都要在0.25毫米以上。
2. 塑料袋儿厚了以后，因为很沉所以没有树挂现象。
3. 厚的塑料袋儿可以增加商品的成本，从而商家可以赚更多的钱。
4. 塑料袋儿很便宜，消费者不用花钱，很多消费者有一种不用白不用的感觉。
5. 塑料袋儿变厚以后，商品卖出的少了，塑料袋儿使用的数量当然会减少。
6. 从录音中我们可以知道，塑料袋儿变厚了，经营者并没有表现出不满。

练习三：听录音后，选择正确的答案

1. 塑料袋儿为什么要加厚？
2. 塑料袋儿加厚以后，出现了下面哪种情况？
3. 关于加厚塑料袋儿的品种和价格，下面哪个说法是正确的？

4.经营者对使用加厚塑料袋儿是什么态度？

参考答案

一、1. 0.025毫米　超厚　重复使用

2. 减少树挂现象　提高了成本，从而限制了使用量

二、1. ×　2. ×　3. ×　4. √　5. ×　6. √

三、1. A　2. D　3. D　4. A

第八段　旅行保险

录音文本

被采访人：其实我这次在这个意大利的时候，虽然我再三小心，可惜非常遗憾，我那部这个心爱的摄像机，等我第二天早晨起来的时候，在火车上也是不翼而飞，所以当时自己……让我觉得非常非常啊……非常非常心疼。因为前一次我在巴黎刚丢过一台摄像机，这是我第二次丢摄像机了，所以当时这个……让我真是非常非常沮丧，那个心情也坏到了极点。

记　者：那经济上有什么样的损失呢？

被采访人：经济上倒没有什么损失，因为我在出发之前我买了旅游……旅行保险，所以这个……等我这个回到英国以后，它保险公司会全额地对我进行一个赔偿。

记　者：他这个旅行保险是怎么回事呢？

被采访人：其实我，一开始也不知道能有这个旅行保险。像我丢第一部摄像机呢是在巴黎……巴黎机场转机的时候，反正迷迷糊糊就把那个……那个摄像机落在那个巴黎机场那个大巴……他那几个候车厅的大巴车上了。所以等下……丢了以后我就到警察局去报案的时候呢，没想到那个警察人家，我觉得还应该挺惊讶，结果那个警察人家根本就觉得不以为然，然后说你填个单子盖个戳儿，"啪"就把那个扔出来了。我

说就拿这个戳儿呀,赶紧去找保险公司赔偿去吧。啊!保险公司?哎哟,坏了,我说我没买保险,找不到保险公司赔偿啊。所以那一次只好是自己,只好自己倒霉……自认倒霉了。所以再以后再出去的时候,我就会买保险,保险呢我觉得也是蛮好的。因为你比如说我这个旅行过程中不管是我生病了,还是这个劫机了,还是飞机这个晚点了,误点了还是我行李丢了,还是甚至说我这个物品的损失,甚至我现金丢了,当然他有赔偿的限额啊,保险公司都会给我赔偿的。

练习二:再听两遍录音后,选择正确答案

1. 在意大利丢摄像机后,被采访者为什么心情坏到了极点?
2. 他从意大利回到英国后,保险公司会怎么样?
3. 第一部摄像机是在哪儿丢的?
4. 知道有人丢摄像机后,警察的态度怎么样?
5. 被采访人在巴黎丢摄像机后,结果是什么?

参考答案

一、1. 不翼而飞　非常心疼
　　2. 二　巴黎　沮丧　坏到了极点
二、1. D 　2. C 　3. C 　4. B 　5. B
三、1、2、3、4、6、7、8

第三单元

南腔北调

第一段 失学女童——小娥

录音文本

后来她在农村当小学老师的时候，有这样一个女孩子的经历，使她永远都不能忘记。

当时我的班上有一个特别好的学生，一个女孩叫小娥。她是我们班那个班的班长，功课特别好，我特别喜欢她。但是后来上了没多久，就我当了她的老师没多久以后呢，她就突然就不上了。后来呢我就去找她，问她为什么，她说就因为她家里头就是比较穷吧，而且她爸爸妈妈要干活，要让她带她的弟弟，那么她就不上学了，而且她特别想上学，她就跟我讲，让我去跟她的爸爸妈妈讲，让她再读书，她觉得好像老师讲话可能会有用的。那么后来我就去找她的爸爸妈妈，父母亲，就说好像她应该继续去读书吧，说她特别聪明，而且说她功课特别好，说她好好学呢，以后一定会有出息的。后来呢，她的父亲就问我说："那你说她有什么出息呢？以后？"说："你在城里读了书，你现在还到农村来干这种活，那么她一个农村的女孩，她读了书以后有什么出息呢？"因为当时谁都没办法说你们学了有什么用，他们也都很明白，自己以后就是像他们的父母亲一样的生活。所以呢，我觉得我也没办法说，没办法就是解释这个事情。所以呢，后来，她就，这个小娥她就永远地离开了这个学校了吧。

练习二：再听两遍录音后，选择正确答案

1. 小娥在学校里是怎样的一个孩子？
2. 后来小娥不上学了，这里面最主要的原因是什么？
3. 为什么老师去找小娥的爸爸妈妈？
4. 老师找小娥父母想要达到什么目的？
5. 老师去小娥家以后的结果怎样？

参考答案

一、1. 小娥　农村　女
　　2. 永远地离开了这个学校
二、1. D　2. D　3. A　4. B　5. C

第二段　远在新疆的上海人

录音文本

　　你看我母亲吧，姐姐、哥哥、妹妹都在上海，还有个叔叔——电影演员程之嘛，你也知道。我离开了他们这些亲人以后，我一个人到新疆来，说老实话，有的时候也感到挺孤独的，也想念他们，想念在上海的亲人。可现在呢，情况还是有点变化，我告诉你，我有个哈萨克的妈妈。哈萨克冬天，她要回冬牧场，阿勒泰地区积雪比较厚，自行车是不能骑的，怎么办呢？必须要骑马。我也没有马，当时我要到一家哈萨克家里去的时候呢，哎呀，他们都挑起大拇指说，哎哟，嘉克萨，哎呀，你真不容易呀！我这个哈萨克妈妈呢，她看到我冻得这么个样子，开始还没认妈妈那阵子，她就给我煮了羊肉汤、奶茶，还给我做了一双毡袜子，把她们家里的狐狸皮帽子给我戴，另外把她们家最新的一件皮大衣给我穿上。同时跟她儿子讲："把最好的一匹马借给他用。"哎呀！我当时很感动。我就跟她讲："我的妈妈嘛在上海，这个我嘛见不到她。我呢，见了你们就像见到自己妈妈一样。"她的儿子给她翻译过去了，回来以后呢，我就叫她妈妈，她挺高兴的。哎呀，她高兴坏了，"我嘛有了一个上海的儿子了。"

练习二：再听两遍录音后，选择正确答案

1. 在上海他的亲人中，下面哪一组他都提到了？
2. 哈萨克的冬天怎样？
3. 他可能是怎么去的哈萨克牧民家？
4. "哈萨克妈妈"是怎么回事儿？
5. 哈萨克妈妈第一次见到他时没做下面哪一件事？
6. 关于这个老妈妈的情况，下面哪一点是正确的？

参考答案

一、1. 上海　新疆
　　2. 孤独　在上海的亲人
　　3. 哈萨克的妈妈
二、1. C　　2. D　　3. A　　4. D　　5. C　　6. A

第三段　哼着歌儿进考场

录音文本

记　者：噢，那你认为中学生和妈妈之间应该怎样地相互理解呀？

大学生：怎么说呢，我当时对妈妈反感嘛，很想不通。我觉得他们总是把我们当小孩子看，管得也太多了。后来呢，渐渐地想通了一些，妈妈严格地管束、教育我，其实也是为了我好啊，为了我能够成材。但是呢我总觉得，希望他们最好能改变一下教学方法，变严格的管束呢为正确的引导。其实理解也是双方面的事情，只有我们常常跟妈妈谈心，才能够比较容易理解。我记得在高考的前两天吧，我妈妈还特意给我借了两盘世界名曲的磁带，并且她说让我轻松轻松，我听了以后特别特别地高兴，也很感动，觉得我妈妈确实是很了解我了。可以说吧，我后来是哼着歌儿走进考场的。

练习二：再听两遍录音后，选择正确答案

1. 当时她对妈妈反感是因为什么？
2. 在母女关系上，她是怎样认识的？
3. 高考前两天，妈妈为她做了一件什么事？
4. 她是怎样走进考场的？

参考答案

一、1. 大学生　严格的管束　正确的引导
　　2. 反感　了解
二、1. <u>　A　</u>　2.<u>　D　</u>　3.<u>　C　</u>　4.<u>　B　</u>

第四段　新乡人的等、靠、要

录音文本

　　前不久，新乡团市委在全市范围内进行了一次下岗青工再就业情况调查，市区内共有60家单位，5687名下岗青工接受了调查。那么调查的结果怎样呢？

职　伟 （河南新乡团市委书记）：再就业这个行业选择国营企业(应为国有企业)的占87.5％，那么选择乡镇企业和其他行业只占了百分之八点多，并且还有个别填了什么党政机关、事业单位，还有这种情况。这就反映出来他们就是在就业方面，还没有完全面对现实，面对现在市场经济这种条件。

　　据了解，新乡市劳动就业局，每个月都要组织一次下岗职工再就业交流大会，到现在，他们已经提供了7000多个工作岗位，可至今仍有近3000个岗位无人应聘。因为这些岗位，大多是民营企业提供的。

石砚印 （新乡市劳动就业局副局长）：我们考虑，这还是有一种重全民、轻集体、鄙视看不起个体的这个观念，还严重地存在着等、靠、要的思想。所谓"等"啊，就是等原来的企业形势好转，还回原来的企业工作上班，原福利待遇不变，这是一种想法。那所谓"靠"呢，靠国家，指望国家呢，指望政府把他们调剂出来，进行交流到更好的企业。那么，"要"呢，没有饭吃了，国家会考虑我的，社会主义制度嘛，会给我发生活费的，要生活费。

练习一：反复听录音，判断下列句子的正误

1. 前不久新乡市委在全市范围内进行了一次下岗青工的情况调查。
2. 共有10个区60家单位，5687名下岗青工接受调查。
3. 其中的87.5%的人选择国有企业。
4. 其中12.5%的都选择了乡镇企业和其他行业。
5. 百分之八点儿多的人选择了党政机关和事业单位。
6. 谈话人对下岗工人的选择很不满意。
7. 新乡市劳动就业局每个月都组织下岗职工再就业交流大会。
8. 已经有7000多下岗工人找到工作。
9. 还有3000多下岗工人没找到工作。
10. 下岗工人大多不愿意去民营企业工作。

参考答案

一、1. ×　2. ×　3. √　4. ×　5. ×　6. √
　　7. √　8. ×　9. ×　10. √

三、1. 完全面对现实　面对现在的市场经济
　　2. 重　轻　鄙视看不起

第五段　吃不了兜着走

录音文本

记　者：如果就是说您点的菜多了，您会不会吃不了兜着走呢？

乔　羽：应该兜着走，吃不了干吗不兜着走呢？这就是所谓的"打包"嘛。

记　者：剩下的菜，朋友都用筷子来夹，都碰过，您觉得有没有存在一个卫生的问题呢？

乔　羽：那不打包也有这个问题啊。中国人吃饭嘛，都是大家下筷子去一个地方吃，都在一盘菜。现在不是有分餐的一种办法吗？也可以。就是不分餐的话，我觉得注意一下，呃，带回去以后就加热一下吧。我赞成这个一个是吃不了可以兜着走，一个是呢，吃之前要的时候，可以少

要，没必要在这方面摆这种阔，这是文化层次太低的表现。如果文化层次高的话，不应该把这个当成一种摆阔的。摆阔本身就是没文化的表现，是不是？吃饭嘛，本来是个很随意的事情，大家高兴的事情，你干吗要剩这么些东西才高兴呢？

记　者：有些人认为兜着走是栽面子的事，您怎么看这个问题呢？

乔　羽：就是对这个世界看得更透彻一点，对人生看得更明白一点，大概就不会觉得这是丢面子。

练习二：再听两遍录音后，选择正确答案

1. 课文中"吃不了兜着走"是什么意思？
2. 关于卫生问题，下面哪一个说法是谈话人的意思？
3. 对于解决卫生问题，下面哪一点不是他的具体意见？
4. 他怎样认识"吃不了兜着走"？
5. 下面哪一点不是他的意思？

参考答案

二、1. C　　2. B　　3. D　　4. D　　5. C

第六段　计划生育与老龄社会

录音文本

A：我们还看到一个现象，现在城市人口的流动性很大，所以使得很多非城市人口把城市只作为一个生育的避风港，这个问题现在是不是在你们看来很严重的问题？

B：我看是这样。总的来说，人口从农村流到城市，他的生育观念会变的，变得希望小家庭，他不希望大的。因为他到了城市以后，他总得要想办法跟人竞争，跟人竞争的时候他就会想到自己的教育不够，子女多的拖累。所以总的来讲，大量移……移到城市来的人，应该有利于我们生育的下降的。

A：那么从长期的趋势来看，你觉得城市的现代意识对农村将会加强影响，还是鼓励他们到城市里来？

B：现在我们呢也不能从这个角度……来从人口的角度来鼓励他。我们从经济发展的需要，也必然有的，而且还不需要鼓励。只要我们稍微放松一点，他自发他就会来，他都奔向高收入嘛。

A：按照你的研究，中国老龄化问题，在什么时候可能会非常突出地表现出来？

B：要是按过去在50年代联合国定的标准，认为65岁7%，那算是比较老龄，老年人口，也可以叫它老龄社会。如果按这个标准衡量，我们到本世纪末都有可能接近这个。

A：如果说中国的老人占整个人口1/4比例的话，这是不是人类史上一个空前的现象？

B：不，但是是这样，不是空前，因为这个现在发达国家都有可能到这个程度，然后这个日本也可能到这个程度。但是我们的城市可能出现的罕见的这样快，我们现在的城市如果我们处理不当，就有可能出现空前的。现在只有一代人独生子这个问题，比较有一定限度的。如果是连续两三代人，就会出现这个问题。

A：那就是说，如果连续两三代独生子女，这就叫处理不当。那么对城市人口结构来看，那么怎么样叫处理得妥当呢？

B：我们在所有各个地方的人口政策里面规定里边都有这一条，都是独生子女结婚，并不要求他再独生。所以某种意义上来讲，这是我们按现行政策，现行政策不改，我们事实上，我们的独生子女就是一代人。你想想他都变成独生子女以后，他继续一个了，就是一代人。总的来讲，一代人我们呢是不得已，我们这里面还是严重程度达到1/4。

A：那么我们现在的政策为将出现这样的一种形势做准备，做充分准备了吗？

B：我认为，我们现在，我们知道这个问题，但是我们对老龄社会的来临，我们做的准备是不够的。一个时期里面我们怕提老龄化，怕谈老龄化，怕影响计划生育。其实啊老龄问题跟计划生育两个只是应该配合的问题，应该相辅相成的。

练习二：再听两遍录音后，选择正确答案

1. 这个社会学家认为农村人口流入城市对人口增长有什么影响？
2. 产生上面这种影响的原因不包括下面哪一点？

3. 谈话人认为对农村人口流入城市应该采取什么态度？
4. 关于老龄社会，下面哪一种说法是正确的？
5. 什么情况下会出现人口空前老龄化？
6. 按照现行的人口政策，独生子女政策可能持续多长时间？
7. 老龄化与计划生育应该是什么关系？

参考答案

一、1. 计划生育　老龄社会
　　2. （相互）配合　相辅相成
二、1. A　2. D　3. C　4. B　5. B　6. B　7. A

第七段　内乡的恐龙蛋化石

录音文本

　　前几天，我们"焦点访谈"的记者来到了地处伏牛山区的河南省内乡县。这个县的恐龙蛋化石埋藏量比较丰富，在当地，老百姓管恐龙蛋叫做石蛋。

程建华　（河南省内乡县副县长）：在征集的过程中，土地都把恐龙蛋化石都露出来了，埋藏在表层，特别浅，有的大约就是三五公分，十来公分，最深的也是五米以上，最浅的就是在这个三五公分。也可能我们在这个调查了解过程中，你们也许会，脚一踢这土，就会发现恐龙蛋，也许会遇到这样的机遇。

记　　者：说来也巧，这个场景呢，在我们采访途中还真的碰到了，一位农民在耕地时，发现了一枚恐龙蛋。

农　　民：这不是恐龙蛋吗？就这么浅。

记　　者：那么对这种咱们刨地中不经意地被刨出来的话，咱们怎么办呢？这种恐龙蛋？

内乡县文物局工作人员：群众在生产建设中间，种地的时候，刨出来以后，位置这么浅，主动上交了。再一个的话，应该及时报告，要把这个地方保护起来，以备以后的话科学发掘研究。

练习二：再听两遍录音后，选择正确答案

1. 记者为什么到河南内乡县去？
2. 从程建华的谈话中，可以得出下面哪条信息？
3. 程建华说："你们……也许会遇到这样的机遇"，这个"机遇"指的是什么？
4. 记者说的"说来也巧"，指的是什么？
5. 在耕地时不经意刨出来了恐龙蛋化石，应该做的事情不包括下面哪一点？

参考答案

一、1. 河南　内乡　恐龙蛋化石
　　2. 五米以上　三五公分
二、1. A　　2. A　　3. D　　4. C　　5. D

第八段　张海恭与无喉人复声班

录音文本

　　讲话，这对正常人来说再轻易不过的事情，却是无喉人心中最大的愿望。从1995年10月底开始，每逢星期天，上百名无喉人就会从上海的各个角落汇集到马当中学这间普通的教室里，跟随一个叫张海恭的人学习利用食管儿发声的方法。他们中有工人、农民，有大学教师、工程师、国有厂长、经理和机关干部。年龄最大的已经83岁，最小的只有32岁。

记　者：你是怎么想起来办这个复声班的呢？

张海恭（无喉人复声班创办者）：我也是无喉人，所以我知道，患了喉癌以后失去了声带，心情一般都是比较愤忧、痛苦、失声、绝望。病友几乎都是在生活在很痛苦的哑巴世界里边。

记　者：练的过程中吃了不少苦吧？

张海恭：哎，一言难尽啊！当时练到反胃恶心头昏脑涨。当时我还想，哎哟太难太难了。一个就是吸气，你吸得不好吸到胃里面，肚子很胀。还有鼓，鼓不好腮帮子，很酸痛的。你下去以后你咽……咽不好你这口气，咽不下去就反上来，反上来就把胃酸全部反上来。这么一次一次一次地练。

经过三个月的艰难摸索，张海恭终于能够开口讲话了。

深深体会到重新开口讲话快乐的张海恭，没有忘记那些仍在无语世界里挣扎的无喉人们。他开始四处奔波，准备开办无喉人复声班。

记　者：筹备这个班的最主要的困难在什么地方呢？
张海恭：场地、资金。
记　者：你练这个发声技巧费了很大工夫，你们家经济条件又这么差，你就是准备开办这个复声班的时候呢，为什么没有考虑到收取一定的费用呢？
张海恭：因为我也知道，他们的处境和我一样倾家荡产。我学会了，我想我一定要无偿免费，教授他们重新讲话，找回做人的自尊和尊严。像我一样，回归社会。
记　者：到目前为止，你的复声班总共收了有多少人了？
张海恭：356名。
记　者：其中大致有多少人能够开口讲话了呢？
张海恭：开口讲话、说简单的词语的话，那是近一半以上。还有二三十人能唱歌、打电话、吟诗及朗诵，所以我们很快乐。

练习三：再听两遍录音后，选择正确答案

1. 复声班是干什么的？
2. 关于复声班，下面哪个说法不是录音中提到的？
3. 张海恭是怎样一个人？
4. 喉癌患者失去声带后的心情不包括下面哪一点？
5. 在练习用食管发声的过程中，出现了哪种不舒服的情况？
6. 他办复声班最主要的困难是什么？
7. 他办的复声班收费吗？
8. 关于这个复声班，下面哪种说法不正确？

参考答案

二、1. 1995年10月底　星期天

2. 工人　农民　大学教师　工程师　国有厂长　经理　机关干部

3. 83岁　32岁

三、1. C　2. B　3. B　4. D　5. C　6. A

7. A　8. D

第四单元

快速汉语

第一段　拜年的方式

录音文本

现在拜年形式越来越多,那么应该说,无论是磕头还是作揖拜年形式,离我们已经渐行渐远,现在生活中已经很少见到了。我们注意到在过去的传统拜年形式当中,实际归结起来有两个特点。第一,要见面,面对面;第二呢,是有非常严格的礼数的,无论是磕头还是作揖,非常讲究。当然现在随着社会的变迁,尤其是科技手段的丰富,现在拜年的形式越来越多。有登门拜年,但是也有电话拜年、短信拜年、网络拜年、贺年卡拜年等等形式。那么在这些拜年形式当中,人们最看重什么呢?我们来看一个调查。您最看重下列哪种拜年方式?我们一共是对全国15个大、中、小城市进行了电子邮件的调查。有110……1170人参与我们的调查。我们来看一看:那么,登门拜年排在首位,55%的人最看重的是登门拜年;排在第二位的就是短信拜年,占到25%,应该说近些年来短信拜年的数量越来越大;第三是电话拜年;第四是电子邮件拜年和网络视频拜年;排到最后一位的是寄信或者发贺卡拜年,应该说,这几年这样的拜年形式越来越少了。

练习一:听两遍录音后,判断下列句子的正误

1. 磕头和互相作揖这两种拜年形式是现代人主要采用的拜年方式。
2. 传统拜年的一个主要特点是必须面对面。
3. 传统拜年的另一个特点是有非常严格的礼数,无论是哪种方式都非常讲究。

4. 随着社会的发展，现在拜年的越来越少了。
5. 现在拜年的形式比过去多很多。
6. 现在人们最看重的是短信拜年。
7. 现在人们最不喜欢的拜年方式是网络视频拜年。
8. 这次调查共调查了15个大中城市。
9. 这次调查的方式是多种多样的。
10. 调查的内容是，您最重视哪种拜年方式？

参考答案

一、1. ×　2. √　3. √　4. ×　5. √　6. ×
　　7. ×　8. ×　9. ×　10. √

二、

序号	拜年方式	人数（约）	所占比例
1	登门拜访	644人	55%
2	短信拜年	292人	25%
3	电话拜年	234人	20%
4	电子邮件拜年 网络视频拜年		
5	寄信或发贺卡拜年		
合计		1170人	100%

第二段　外地小保姆与下岗女工

录音文本

　　我们了解到有这样一个城市家庭，双职工带一个小孩子，家里住得呢并不宽敞。他们以前请一个外地来的小保姆，那么最后算一下呢，每个月付给她两三百块钱，再加上吃的、住的，那么整个也有大概五六百块钱的支出，还要教给小保姆呢，怎么去使用这些电器。整个协调起来呢，很麻烦。在这个家庭连续换了几次小保姆以后呢，最后决定不再从外地请小保姆了。他们请的是一个城市里下岗的女工，而且这个女工家里呢，有一个和他们小孩年纪差不多大的孩子。这样一来呢，首先他们不用再去解决来家里工作这个女工的住的问题。其次呢，由于大家生活习惯比较接近，这个女工很容易帮助他们打理家务。最后呢，两家的小孩经常在一起交流呢，避免了孤独感，最后成了好朋友。我相信呢，可能有同样想法的呢是大有人在，这充分说明了呢，对这种服务性的工作，其实社会有很大的需求。

练习一：听两遍录音后，选择正确答案

1. 关于这个家庭，下面哪个说法是正确的？
2. 这家决定不再请外地小保姆的原因不包括下面哪一点？
3. 这个小保姆在这家的待遇怎么样？
4. 与外地小保姆比，下岗女工做保姆的优势录音中没有提下面哪一点？
5. 这位下岗女工当保姆对这家的孩子最主要的好处是什么？

参考答案

一、1. A   2. D   3. B   4. D   5. A
二、1. 了解　城市家庭　宽敞
　　2. 连续　小保姆　下岗的女工
　　3. 孤独感　大有人在　服务性的工作

第三段　开花植物的消失

录音文本

　　长期研究的结果显示，环境的变化使地球植物的繁殖能力正在下降。经过长达30年对300多种开花植物的研究以后，科学家证实，这些美丽的植物正面临着从地球上消失的危险。因为近几十年来，这些植物的繁殖能力正在明显降低，而造成这一现象的原因是帮助植物授粉的动物和昆虫，比如鸟类和蜜蜂，它们数量正在减少。虽然目前还无法确定造成鸟类和蜜蜂数量减少的具体原因，但是科学家们认为，全球变暖、气候环境的恶劣变化很可能是其中的一个最主要原因，那这也再次给我们人类敲响了警钟。

练习一：听两遍录音后，选择正确答案

1. 地球植物繁殖能力下降的根本原因是什么？
2. 关于科学家们的研究，下面哪个说法最正确？
3. 下面哪点不符合这次研究的结论？
4. 这件事情"给人们敲响了警钟"，让人们注意些什么？

参考答案

一、1. __B__   2. __A__   3. __D__   4. __C__

二、1. 长期研究的结果　繁殖能力
　　2. 科学家　从地球上消失
　　3. 全球变暖　气候环境

第四段　"分钱"概念

录音文本

我们的记者出去了解一下，现在这种"分钱"到底还有多大的作用，那么是这样的：在很多地区的产品标价当中呢，仍然有很多东西是用几分钱几分钱计算的，就尾头是带分的。另外呢，在银行计算利息的时候呢，这个几分几分就显得很重要了，因为它可以呢积少成多。最后呢在商业企业和工业企业里面计算成本的时候，一个产品的成本用分来计算呢，往往呢使得这个产品的计算更准确，而且这个数量堆积起来呢也是为数不小的。所以呢，看起来呢，"分钱"不会很快地变得退出我们的货币的计算单位。但是呢，以总的趋势来讲呢，随着经济水平的提高呢，肯定"分钱"的用途呢，相对来讲会比以前要少一些。因为我们现在要说的呢，不是说这个一分钱两分钱到底实际能用什么，而是我们想提倡一种"分钱"的概念。记得小的时候，小孩呢，都有一个这个爸爸妈妈给买的一个瓷罐儿，平时呢，一分钱两分钱总把它留起来搁在瓷罐儿里头，等到过年时候，把它砸开，用这几块钱呢，去买一个

东西，做过年的礼物。那么，这钱虽然不多，但因为是这个孩子从一年开始就一点一点积攒起来的，所以到真买东西时觉得非常兴奋，他看到一个积少成多的过程。当然现在小孩幸福多了，拿压岁钱都是几十块钱，甚至上百块钱。但是如果这个"分钱"概念从小能够在孩子的心目中扎下根的话呢，相信长大了，他们既能够知道怎么去节俭每一分钱，也能够知道怎么样很好地去理财，适应现在市场经济社会的需求。

练习一：听两遍录音后，选择正确答案

1. 记者了解了现在"分钱"的作用，他没有提到下面哪一点？
2. 他认为将来"分钱"的用途怎样？
3. 过年砸开存钱的瓷罐儿时，孩子们为什么兴奋？
4. 对孩子进行"分钱"概念的教育对将来很有好处，这些好处录音中没提到哪一点？
5. 这段录音的主要内容是什么？

参考答案

一、1. C   2. B   3. A   4. C   5. C
二、1. 计算利息   显得   积少成多
　　2. 总的趋势   经济水平   比以前要少一些
　　3. 瓷罐儿   搁   砸开

第五段　说说"不敬业"

录音文本

　　北京马路上下水道的井盖儿时常丢失，那么很多行人只要稍不注意就会落入井中呢，摔得头破血流。为了让有关市民了解有关的情况，电视台把主管部门的官员请进了演播室。一位观众问："如果行人不小心掉进井盖儿里该谁负责？"没想到，当着成千上万的电视观众，这位官员坦然地回答："谁偷井盖儿谁负责。"这种回答就让人多少有些纳闷儿了，如果要偷盗者负责的话，您

这位主管官员该管什么呢？这就是典型的不敬业。其实不敬业这种精神呢，倒不只是存在于官员的身上。那么一个中国留学生和一个外国留学生一起在国外的一个餐馆儿里打工，老板规定，每一个盘子必须洗6遍。头两天呢中国留学生还可以尽职尽责，但过几天开始，就由刷6遍减到刷5遍，一直减到刷4遍。更可笑的是，他还把这一招儿告诉给那个留学生，他说呢干吗刷那多遍？结果那个留学生回答很直，老板让我们刷6遍，我就应该刷6遍。这洗一个盘子刷6遍的细微小事就可以透露出敬业精神的不同来。那么有一个朋友呢，自行车丢了，到派出所去报案。没想到办事人员回答他说，丢个自行车算什么了，我前几天还丢了一辆呢。一听也是，这位朋友就从派出所出来了，可一出来就感觉不对劲儿了。您是警察，难道您丢了自行车，就可以不管别人丢自行车的事吗？

练习一：听两遍录音后，选择正确答案

1. 主持人说，行人不小心掉进井盖儿里是什么意思？
2. 由于下水道井盖儿丢失，有人落入井中，对于责任问题，下面哪一种说法录音中没有提到？
3. 谈话人对于主管官员的回答是什么态度？
4. 那个在餐馆儿打工的外国留学生为什么每个盘子都洗6遍？
5. 在同一餐馆儿打工的中国留学生每个盘子洗几遍？
6. 谁丢自行车了？

练习二：再听两遍录音后，判断下列句子的正误

1. 很多人都认为，行人如果不小心掉进井里应该由偷井盖儿的人负责。
2. 观众对主管部门官员的回答可以理解。
3. 不敬业现象不只是存在于一些官员身上，其他行业也存在这种现象。
4. 外国留学生认为，只有刷6遍，才能把盘子刷干净。
5. 那位中国留学生比那位外国留学生聪明。
6. 那位朋友和派出所的办事人员都把自行车弄丢了。

参考答案

一、1. C 2. D 3. C 4. A 5. D 6. D
二、1. × 2. × 3. √ 4. × 5. × 6. √

第六段　父母最赞赏的是什么？

录音文本

记　者：父母对你们最赞赏的是什么呢？

大学生（1）：我干什么事走第一步的时候吧，我爸爸总是比较满意。比如说我现在想第一次说话的时候，走第一步路的时候，他总是很满意。我第一次写诗，第一次弹琴，第一次看书，这时候，他都非常高兴。但是呢，只不过一时，当我起步的时候他比较满意，当我真走起来以后他倒觉得也是无所谓了。因为我总是干得也不出色，也没有什么惊人的突破，所以他也再也不满意了。

记　者：总的来说，你爸爸对你迈出的第一步还是非常满意的，非常欣慰。

大学生（1）：不过所有的第一步都快迈完了。

大学生（2）：我父母好像对我还比较满意。不过我妈常说，就是说只有这一个，不满意也没办法。要有第二个，她准保不满意。我吧除了学我的本专业以外，我还挺喜欢那个画画儿的，还喜欢那个服装设计什么的，喜欢去给别人理发什么的。就很多有关于自己那个自身能力的问题，我觉得应该掌握好这些东西。就说一个人他应该是多面手，我爸爸对于这一点特别赞赏。

练习一：听两遍录音后，选择正确答案

1. 第一个女孩儿的父母满意她什么？
2. 第一个女孩儿的父母对她不满意的原因是什么？
3. 第二个女孩儿说父母对她比较满意是因为什么？
4. 除了专业以外，第二个女孩儿还喜欢什么？
5. 第二个女孩儿的父亲特别赞赏她什么？

参考答案

一、1. D　　2. B　　3. B　　4. C　　5. A

二、1. 满意　写诗　弹琴　看书　高兴

　　2. 突破　满意

　　3. 服装设计　理发

第七段　干什么就得吆喝什么

录音文本

俗话说呢，干什么就得吆喝什么，这是每个人天经地义的义务和职责。但现实生活中呢，并不是这样。一份调查显示，很多行业的人士在和其他行业做比较的时候呢，都自觉地把自己划入到值得同情的一类里头。那么今年呢对两千多名国有大中型企业的职工搞了一次调查，结果43%的人不满意自己的职业，73%的人对自己的职业没有自豪感。于是永远觉得别人比自己过得好，身在曹营心在汉，敬业也就成为一句空话。那么在西藏某地有一个世界最高的军械库，看守人员是一个大学生。他也知道，现在如果回家的话，马上就可以过上很好的生活。他说如果要让他自己做选择的话，他现在背起包就回家。但是如果上级让他转业的命令一天没有下，他就要当一天和尚撞一天钟，而且不是消极地撞，而是积极地把这个钟撞得很响。于是他就每天带着回家的梦想，踏踏实实地在这个岗位上做成了连年的模范。我非常尊敬这个人，因为他是在诱惑的面前，依然能把本岗工作做得很好的人。也许很多人呢，现在对自己的职业并不满意，但是可能首先得先把自己手上的活干得漂亮。如果行行失职，就会形成这样的一个局面：老师讲课的时候，担心自己的家被偷；警察执行公务的时候，又担心自己家里生病的人遇上个不敬业的大夫；大夫在开刀的时候，又担心自己的孩子遇上个不称职的老师。如此恶性循环，这个社会不就乱了套了。

练习一：听两遍录音后，选择正确答案

1. 录音中提到的"天经地义的职责"指什么？
2. 那份调查中没有提到下面哪种情况？
3. 在西藏某军械库工作的大学生是下面的哪种情况？
4. 如果行行失职，将会出现什么局面？
5. 这段录音提倡的是什么？

参考答案

一、1. A　2. D　3. A　4. D　5. C

二、1. 天经地义　职责
　　2. 不满意自己的职业　73%　自豪感
　　3. 回家的梦想　踏踏实实

第八段　游遍世界的窍门儿

录音文本

被采访者：的确国外这个五星级、四星级酒店它的住宿费用呢是比较昂贵的，像在美国一晚上正常的五星级它也要大概两三百美金甚至更高。但是我想呢，其实住宿跟这个机票一样，它也有很多很多窍门。像我这次环游世界，我40%的情况下我住的是四星级和五星级的酒店，甚至我还住进了倒贴钱的五星级、倒贴钱的四星级的酒店。其实这里也是有很多很多小窍门的。

记　者：那你怎么能住上不花钱的这个五星级酒店呢？

被采访者：很简单，我来……我来……我来举个小例子，比如说我有一次我从洛杉矶……我要去拉斯维加斯。那当时呢，我也在这个网上进行了搜寻，我发现从洛杉矶去拉斯维加斯，如果坐飞机呀要300多美金，如果坐这个美国长途汽车，这个BUS就灰狗啊，大概也要这个快两百美元了。我觉得这两百美元对我来说，这个价格还是比较高的。不过我当时我觉得我这人还有一个非常好的一个毛病，我就愿意这个买报纸。因为报纸啊是让我们快速融入到当地社会一个最快的一个途径，并且报纸上除了我们可以当天了解到国内外的大事以外，更重要的是我看广告，那么从广告的信息我就得到非常非常重要的一些这个信息。比如说你看我今天带来了很多我这个环游世界这个回来的报纸。就是说我回到中国以后，我这个好多大皮箱里面并不是什么金银财宝，全是这些报纸。

记　者：这个就是上面的广告版。

被采访者：对对对，我们可以随便来看一看，随便来看一下。那么这里头有很多很多这个机票的广告啊，这个折扣。那么当时呢，我就买了这个报纸。我从报纸上就看到了，那么它告诉我呢，三天两夜住两晚五星级的酒店。那么不仅把我路费全部包了，还包我一顿免费的海鲜大餐，才仅仅70美元，那旁边还有个小黑字叫做"买二赠二"。后来我们四个人一起去的其实每个人才花了35美元。那么就说35美元我不仅把路费全包了，那么我还住了非常豪华非常奢侈的这个五星级的酒店，那么的确是倒贴钱的五星级。当然我的总成本它并不是35美元，总成本应该是36美元，因为我付出了一美元的报纸钱。哈哈！正因为我付出了这个报纸钱，所谓的信息成本，所以我想我才得到了非常低廉的价格成本，因为天下没有免费的午餐。所以这个信息搜集是很重要的。

记　　者：你要是到一个陌生的这个国家，完全是靠买报纸来获得这个信息吗？还有其他的那个获得那个信息的办法吗？

被采访人：有啊！你比如说我一下飞机的时候，我第一件事不是着急说上银行去取钱，而我是到当地的旅游局，它都会有一个information center，就是这个旅行服务中心，那么它这里它给我很多很多小册子和地图，像这些这个地图啊等等，像这些……这些小册子等等。其实这些在国外都是免费拿到的。这些个信息搜集应该说它对所有人都是公开、公正、公平、透明的，并不是仅仅是我一个人的专利。那么能不能拿得到，其实很简单，就看你够不够细心。

练习一：听两遍录音后，选择正确答案

1. 什么是倒贴钱的五星级酒店？
2. 被采访者是怎样获得旅游地的信息的？
3. 被采访者买报纸的说法，不正确的是哪一项？
4. 他们四个人住两晚五星级酒店实际上共花了多少钱？
5. 关于那家五星级酒店，下列哪点是错误的？
6. 在一个陌生的国家获得信息，下面哪种做法没有提到？
7. 录音中的被采访者是一个怎样的人？

练习二：听录音，判断下列句子的正误

1. 五星级酒店的住宿费用一般都比较昂贵。
2. 录音中的被采访者40%的情况下住的是倒贴钱的五星级或四星级酒店。
3. 被采访者有一个不好的毛病，就是习惯用看报纸来消磨时间。
4. 被采访者看报纸主要是为了看广告。

5. 录音中的被采访者他们四个人没有花一分钱就住进了五星级酒店。
6. 被采访者相信"天下没有免费的午餐"。
7. 旅行时我们只要买报纸就能住进倒贴钱的五星级酒店。
8. 从录音中我们可以知道,细心对搜集信息很重要。

参考答案

一、1. D 2. A 3. D 4. C 5. B 6. D 7. A

二、1. √ 2. × 3. × 4. √ 5. × 6. √
　　7. × 8. √

三、1. 习惯（毛病）　快速融入　最快的途径
　　2. 金银财宝　报纸
　　3. 路费全部包了　海鲜大餐

第五单元

新闻汉语

第一段 爆竹解禁

录音文本

中国人都喜欢用燃放烟花爆竹来迎接中国年，可是不可否认的是，燃放鞭炮制造噪音，容易引发火灾，容易造成人身伤害、资源浪费和环境污染。于是1988年起上海第一次出台了烟花爆竹的禁放令，严禁在中三环线内燃放鞭炮。随后1993年北京也出台了烟花爆竹禁放令。全国相继有282个城市效仿。

虽然这一政策的出台从一定程度上缓解了春节期间火灾的发生和人员的伤亡，但是对于禁放烟花爆竹的争议却从来没有中断过。不少人认为禁止燃放烟花爆竹使中国年的年味淡了，这使得各地政府开始重新审视执行了多年的禁放令。

2006年全国就有100多个城市解除了禁令，改为限制烟花爆竹的燃放。到目前为止，全国共有200多个城市解除禁令。北京更是在鞭炮禁放了12年之后重又迎来了"爆竹声声辞旧岁"的春节。相关条例规定，北京市五环路以内为限制燃放烟花爆竹的地区。农历除夕至正月初一、正月初二至十五每天的7点到24点可以燃放烟花爆竹。文物保护单位、医院、敬老院等多处地区都禁放烟花爆竹。另外，在法规规定的几个时间以外都不得随意燃放烟花爆竹。

练习三：再听两遍录音后，选择正确答案

1. 禁放烟花爆竹后出现了下面哪种情况？
2. 为什么各地政府要重新审视禁放令？

3. 重新审视的结果是什么？

4. 下面哪一点符合北京限放爆竹的具体规定？

参考答案

一、1、3、5、7、10

二、1. 上海　1988　中三环线内

　　2. 1993

　　3. 282

三、1. <u>　C　</u>　2. <u>　B　</u>　3. <u>　C　</u>　4. <u>　D　</u>

第二段　贫困的哲学

录音文本：

　　是的，这并不是贫困乡之所以贫困的根本原因。观念的陈旧和这个思想的贫困这才是贫困乡最沉重的十字架，这个呢是我们这次采访中感触最深的一点。记得那天我们到了一个村子，村名叫长田头，它是麻山乡最贫穷的一个村子。100多户人家安扎在一个近700米高的长田山上边。因为穷，国家每年都要以各种形式呢进行救济。也因为这不间断的救济，在这个容易满足的长田头人的脑袋当中形成了这样一个概念，那就是只有穷得叮当响，国家才会给救济，只要国家给了救济呢，就不愁日子没办法过。尽管这种生活呢，是维持在最低的水平线上。

　　如果说依赖等待是麻山乡贫困哲学的第一篇章，那么，陈旧的自然经济观念则是第二个篇章。西安村呢是一个出杨梅的地方，每年七月里，家家户户总能收下一二百公斤。对这个人均耕地只有三分五的小村子来说呢，杨梅的经济地位呢，按说是举足轻重的。如果按照一块四一公斤的价格来计算，200多公斤杨梅可以稳获近300块钱的收入。但是西安村的百姓没有商品经济的概念，相反呢他们对于最简单的提篮小卖也抱着一种非常强烈的反感。一二百公斤的杨梅自己吃不了了，那么余下呢，就是分送给四乡的亲戚，送给朋友。

练习二：再听两遍录音后，选择正确答案

1. 这个村子贫困的根本原因不是下面哪一点？
2. 国家的救济使得这个村子怎样？
3. 国家的救济使得这个村子形成了一种怎样的概念？
4. 陈旧的自然经济观念指什么？
5. 下面哪一点不符合这个村子的情况？
6. 他们为什么不卖杨梅？

参考答案

一、1. 观念的陈旧和思想的贫困（依赖等待）
　　2. 陈旧的自然经济观念
二、1. C　　2. C　　3. B　　4. D　　5. C　　6. C

第三段　曝光闯红灯者

录音文本

　　那么，说起来这个交通违法行为，从这个闯红灯到这个肆意横穿马路、酒后驾驶等等，那也是屡见不鲜，屡禁不止的，是各大城市面临的一个不大不小的难题。上海呢，就针对这种情况想出了一高招儿，也不知道这个好使不好使呢，咱先看一看。

女记者：从昨天开始，上海的便衣交通协管员开始在各区的重点监测路口，把街头乱穿马路的行人抓拍下来，然后把这些照片送交区文明办。经过筛选之后，在违章行人的单位和沿街商务楼宇内展览曝光。

男记者：上海的这个交通部门啊，采取这种措施是出于改善交通秩序和提升市民文明度，这样的角度。中国人都重视自己的面子，所以呢，把这个乱穿马路行人照片公开，应该说能够在减少屡教不改，屡禁不止的乱穿马路行为上起到一定的效果。当然作为国际化大都市的上海，流动人口的数量很多，很多流动人口未必有单位可察。所以呢，公示也就起不到应有的作用。所以呢，上海应该探索更加有效的管理方式，因为只有从根本上提升市民素质，才能够彻底解决乱穿马路的行为呀。

练习二：再听两遍录音后，选择正确答案

1. 录音中共提到几种交通违法行为？
2. 下面哪点不符合这个"高招儿"？
3. 给违章者拍照的人是什么人？
4. 这个"高招儿"的作用怎么样？
5. 为什么给违章者曝光能起到作用？
6. 为什么这个方法不能从根本上解决问题？
7. 主持人如何评价这个方法？

参考答案

一、1. 区文明办

2. 违章行人

3. 改善　提升

4. 提升市民素质

二、1. C　2. D　3. A　4. C　5. C　6. D　7. D

第四段　回忆郑和下西洋

录音文本

主持人（1）：今天7月11号是我国第一个航海日，它是为纪念郑和下西洋600周年而确定的。郑和的远航比哥伦布到达美洲早87年，比达伽马到达印度早92年，比麦哲伦开始环球航行早114年，是世界航海史上的伟大壮举。那么那次雄伟浩大的海上远行究竟为当地人民带去了什么？回首那段辉煌往事，我们又能得到怎样的启示呢？

主持人（2）：整整600年前，公元1405年7月11日，一个叫郑和的人率领明朝一支庞大的船队浩浩荡荡驶入大海，开始了他七下西洋的伟大航程。

被采访者：永乐皇帝呢，在永乐七年派郑和下西洋的时候也说过一段话，他就讲，派郑和下西洋，告谕各国的首领还有头人们，永乐皇帝希望和周边国家、和郑和所到的国家建立一种礼制的关系，共享太平之福，也就是说要建立一个和平的、友好的国际秩序。这是郑和下西洋的最主要目的。

郑和七下西洋带去的东西，我觉得可以分为两个部分。一个是精神层面的，你比如他带去了历书，历书。当然历书是中国农业文明的一种集中体现，这些东西，是吧，传播到郑和所到国家，应该说是一种文化的交流。第二是手工艺品。在那个时代来讲，也就是说科技含量比较高的东西，丝织品、瓷器，明代的青花瓷那是很有名的，铁器、农具、铜钱等等。郑和的船队，它是当时一个非常庞大的海上商队，但是它的组成人员基本上是军人，那么它又是一个无敌的海上武装，但是它肩负的使命却是和平，却是和平。所到之处啊，都是一种亲善的交往，一种亲善友好的交往，这个留给当地的人印象还是非常深刻的。

主持人（2）：公元1431年，年过60的郑和第七次率领庞大的船队踏上了遥远的征程。这最后一次大航海历时1年零7个月。由于长年的海上奔波，他在返程的途中因病故去。去世后他的遗体归入大海，衣冠和头发被带回中国，葬于生前他长年居住的南京。广阔无垠的大海，成为了郑和这位伟大的航海家永远的归宿。

主持人（1）：英国著名学者李约瑟认为郑和的船队是当时世界上最强大的海上舰队。但它所到之处，没有占领一寸土地，留下的只是和平、友谊、互利的贸易和相互尊重，而西方航海模式留下的却是血与火的征服与摧毁。600年后的今天，当我们说我们要和平开发和利用海洋资源，振兴海洋事业的时候，我们所继承和发扬的不仅有祖先的智慧和勇气，还有他们的胸怀和远见。

练习二：听前半部分录音后，选择正确的答案

1. 郑和、哥伦布、达伽马、麦哲伦远海航行的时间顺序是下面哪一项？
2. 为什么把7月11日定为航海日？
3. 郑和下西洋的主要目的是什么？
4. 郑和下西洋带去的是哪两类东西？

5. 郑和七下西洋带去的东西包括下面哪些？
6. 下面哪一点与郑和的船队不符？

练习三：根据倒数第二段的录音，判断下列句子的正误
1. 郑和第一次下西洋是1431年。
2. 郑和第七次下西洋时已经60多岁了。
3. 郑和最后一次下西洋经历了1年零7个月。
4. 最后一次航海回来不久郑和就死了。
5. 他的遗体葬于南京。
6. 大海成了郑和永远的家。

参考答案

一、

时间顺序	人名	航海的时间	航海目的地
1	郑和	1405 年	西洋
2	哥伦布	1492 年	美洲
3	达伽马	1497 年	印度
4	麦哲伦	1519 年	环球航行

二、1. A　2. C　3. D　4. B　5. A　6. C

三、1. ×　2. √　3. √　4. ×　5. ×　6. √

四、1. 占领一寸土地　和平　友谊　相互尊重　血与火的征服与摧毁
2. 和平开发和利用　海洋事业　智慧　勇气　胸怀　远见

第五段　保护大象

录音文本

西双版纳自然保护区是我国60个国家级自然保护区之一。这里茂密的热带雨林，为国家一级保护动物亚洲象提供了唯一理想的栖息场所。然而，就在今年年初，短短的几个月的时间里，竟然有十几头亚洲象惨遭屠杀。据了解，被

杀的16头亚洲象相当于西双版纳自然保护区5年来亚洲象自然繁殖的总和。也就是说，5年来国家为保护这群亚洲象所付出的努力毁于一旦，损失相当惨重。然而更加可悲的是，那些在监狱里的罪犯至今还不明白，自己为什么犯罪？人类为什么要保护这些野生动物？就在我们前往纳版山大象被杀现场的途中，同行的当地保护人员不断地提醒我们要提防大象的袭击。因为自从16头象被杀以后，已经发生了多起大象袭击人的事件。我想，这也许是大象对人类的报复。现在那些凶手已经被绳之以法，从那以后再没有发生过猎杀大象的事件。只要不再有人对大象举起屠刀，我们相信，终归有一天，大象会和我们人类和睦相处的，因为毕竟我们都生活在同一个地球上。

练习一：听两遍录音后，选择正确答案

1. 关于西双版纳，下面哪个说法是正确的？
2. 关于大象被杀的事件，下面哪点是正确的？
3. 从录音中我们可以得知西双版纳每年大约可以繁殖多少头大象？
4. 罪犯杀害大象的主要原因是什么？
5. 屠杀大象后的恶果是什么？
6. 在西双版纳，大象为什么经常袭击人？

参考答案

一、1. C 2. B 3. B 4. D 5. D 6. A
二、1. 国家级自然保护区　栖息场所
　　2. 几个月　16
　　3. 绳之以法　袭击（报复）
　　4. 和睦相处　同一个地球上

第六段　马虎的故事

录音文本

那么最近呢，公布了全国十大损害消费者利益的案件，其中有一件就是由于马虎造成的。陕西有一位妇女,在6年前,在医院里边做了腹部手术,结果手术做完之后,她总是感到肚子有些疼,检查了好多次呢,也没发现什么问题。没想到在6年之后,医院在她的肚子里头发现了当年医生落下的一把止血钳。其实,在我们"东方时空"节目里也曾经报道过医生马虎的事件,那么两个患者被同时送进了手术室,可心脏有病的人被割掉了扁桃体,而扁桃体有问题的人,偏偏被手术刀修理了心脏。这种近乎天方夜谭的事件,的确就由于有些人的马虎而出现在了我们的生活里头,这时还能说马虎是小毛病吗?其实马虎这样的事情在我们生活中很多地方都可以见到。现在买一件新衣服很多人有个习惯,回来之后,就要重新钉一下扣子。否则由于工人的马虎,你不一定在哪天在什么样的场合下,就会敞胸露怀。一件质量非常好的产品,但是由于在包装上印错了一个字母,价格就被人大砍大杀。更有甚者,在大兴安岭里抽烟本来就已经错了,但是扔了烟头却又马虎得不在上面踩上一脚,结果一把大火烧得全国人心疼。在马虎现象的背后,是很多人心里头责任心不强,办什么事都不认真。其实在一个科技日益发展的新世界里头,马虎就构成了一种罪恶,它绝不像很多人所说的那样,只是一个小毛病。

练习一:再听两遍录音后,选择正确答案

1. 那位陕西妇女为什么做完手术后常常肚子疼?
2. 以前"东方时空"曾经报道过一件什么事?
3. 人们买回新衣服后为什么重新钉扣子?
4. 一件非常好的产品,包装上印错了一个字母将会有什么后果?
5. 让全国人民心疼的是件什么事?
6. 这段录音一共讲述了几个有关马虎的故事?
7. 下面哪一项作为这段录音的题目最合适?

参考答案

一、1. B   2. C   3. D   4. D   5. C   6. A   7. D

第七段　有偿失物招领公司

录音文本

主持人：今天的节目开始啊，我想给您出两道题：第一道，如果有一个人拿着您的钱包来跟您说，我捡到您的钱包了，但是，您需要支付我费用我才会还给您。啊，这只是假设啊。如果有这样的一个人来找您，您会作何感想呢？您会不会把钱给他？再有啊，还是这个人，拿着您的钱包来跟您说，我这么做是因为我是以此为生的。不过您注意啊，这个人绝不是骗子或者小偷什么的，他挣的就是这帮您失而复得的钱。这个时候您又会作何感想呢？会不会把钱给他？呵，不知道这两道题难住您了没有？其实啊，这正是我今天要跟您说的。

其实啊事情很简单，失主王先生接到了一个电话，说他们找到了王先生丢失的钱包，但归还钱包需要王先生呢交付费用，因为他们是一个有偿失物招领公司。有偿失物招领，这样的事情让王先生啊非常的愤怒，双方呢发生了分歧，而且呢这个分歧啊还不断地升级。所谓有偿失物招领，就是号召大家把拾到的东西交给他们。他们通过各种渠道主动地去寻找失主的线索，在成功找到失主、归还失物之后，收取失主一定的费用。

有偿失物招领公司负责人：遗失物品，可能很长时间都还不了，还不到失主手里了。很多人现在是想的是，在不花费自己过多的金钱、不花费过多的精力，或者完全健康，我心情很高兴的时候，我可以给你送过去。一时……一时高兴，这样是好人，这个事呢我做了，我就是……我获得了这个……助人为乐、无偿返还失主，我……我获得了这种精神上的这个收获。这种情况呢，随着社会的……社会生活节奏的加快，工作压力越来越大，这种情况是越来越少了。行政部门，效率并不是那么高。我拿着吧，放我这儿吧，不合适；还吧，不知道咋还；交给警察吧，有时候甚至对警察也怀疑，他会不会自己拿……装自己腰包里？或者他会不会交给他的单位、交给派出所？交给派出所，派出所有没有尽心尽快地去找？这时候有一些人就该想，可能是要有这样的专业机构就好了。

主持人：2003年，国内首家有偿失物招领公司在江苏徐州出现。随后呢，当年的争议，不仅仅在道德层面，会不会涉嫌触及法律也是争论的焦点。比如说，利益的驱动会不会使这个行业铤而走险，成为一条销赃的渠道？再比如说，如果失主不付钱，他们有没有权力继续持有失物等等。

有偿失物招领公司负责人：我有100个理由，可以为我自己声明，不但没有违背这个拾金不昧传统道德，而是有助于这种拾金不昧。它是以营利为目的的，它绝对不会说，我今天……我今天就挣够本儿啊，今天就挣够本儿，或者说，你想他就是……你要有一个基金会，给它就是作为一个依据，给它一个运营的资本，然后让它去……去……去给社会做贡献，它不可能是这样的。它肯定是公司要发展，它就是一个营，说白了就是以营利为目的。我就没试图说服某一个人，或者是打算说服某个人。这就是……这就是生意。

主持人："生意"二字，听起来刺耳，可也颇具威严和说服力呀。大路朝天，各走一边，做生意，有劳有酬。帮您找东西，当然要收些银两不是？做生意，随行就市，您丢的东西宝贵，出手就要大方些不是？您要是不想让俺这门子生意生来就兴旺发达，行啊，啊，可您得让这受累不讨好的事啊有人免费去做呀，您得让那些丢失的东西……丢失东西啊完璧归赵，一一送达失主手中啊！呵！是啊是啊，这生意经啊唱得有理。可我总想啊，这世上的事啊要是都一一给"生意"了，这样的生活是不是也太有点儿僵硬了、单调了呀？我的想法是啊，生意经当然要有人念，但这歌声啊，也得有人唱，有人学、有人伴奏、有人合唱，您说呢？但愿这越来越多的生意经，不会把歌声给压下去。

练习一：听录音，判断下列句子的正误

    1.失主王先生接到的电话说他们找到了王先生丢失的钱包，并主动提出无偿归还钱包。

    2.王先生对于要归还自己钱包一事非常气愤，因为对方的要价太高。

    3.有偿失物招领公司就是号召大家把拾到的东西交给他们，他们以各种方式主动联系失主，在归还失物之后收取高额费用。

    4.有偿失物招领公司负责人认为，现在拾金不昧的人随着社会生活节奏的加快而越来越少了。

    5.有偿失物招领公司负责人认为，当今生活节奏的加快及行政部门办事效率的直线下降是他们这类公司出现的主要原因。

6. 国内首家有偿失物招领公司出现于2003年。
7. 有偿失物招领公司的出现引起的争论主要是在道德层面。
8. 舆论普遍认为有偿失物招领公司在利益的驱动下会成为一条销赃的途径。
9. 失主不付钱的话，有偿失物招领公司有权继续持有失物。
10. 有偿失物招领公司负责人承认自己违背了拾金不昧的传统道德，该类公司纯粹以营利为目的。
11. 主持人认为有偿失物招领公司向失主索取报酬是自己劳动所得，是合情合理的。
12. 主持人认为生活之所以变得僵硬和单调，完全是生意存在的缘故。

练习二：根据录音内容，选择正确答案

1. 录音开始的两个难题，综合起来是什么意思？
2. 王先生对有偿失物招领是什么态度？
3. 这件事的结果如何？
4. 失物招领公司负责人提到的，人们拾金不昧的条件不包含下面哪一点？
5. 现在人们拾到东西大部分人会怎么办？
6. 对于有偿失物招领，人们争论的焦点不包括下面哪一点？
7. 你觉得主持人对这件事情是什么态度？

参考答案

一、1. ×　2. ×　3. ×　4. √　5. √　6. √
　　7. ×　8. ×　9. ×　10. ×　11. ×　12. ×
二、1. A　2. B　3. D　4. D　5. D　6. A　7. C

第八段　女主播与犯罪嫌疑人投案自首

录音文本

主持人：今年2月4日深夜，当中央人民广播电台《神州夜航》节目记者、主持人向飞正准备直播节目的时候,一条短信引起了她的注意。发短信的人自称是一个罪犯,不知何去何从。

记　者：你当时怎么注意到他这条短信的?

向　飞：他那条短信啊,就是特别的明显,就是在节目之前我就发。

记　者：那说实话,你当时第一次看到这个短信的时候,你心里有,你把它在多大程度上能够当真?

向　飞：我觉得应该有30%左右的可信度。他的话语都非常的准确,我觉得应该是思考了很久发的这条短信。

主持人：向飞马上请导播把自己的手机号码告诉了发短信的人。第二天,她接到了这个人的电话。

向　飞：我说,你叫我向飞姐,那我叫你什么呀?他找了一个折中的方式:朋友们叫我辜三儿。就是两三秒当中,我觉得,通过他的这样的……这种表达的这种方式,能够感觉得到,这个短信的可信度就又上升了一些。

主持人：在几次通话后,向飞确认化名辜三儿的辜海军,的确是一名涉嫌杀人并且负案在逃的犯罪嫌疑人。于是,向飞开始和辜海军之间不断地通话交流。是否要去自首,是他们讨论最多的话题。

记　者：但是,你比如说自首的念头,包括自首可能给自己生活带来的一些好处,也许他们在脑子里想了很多年了,但是最终都没有下这个决定。你也知道他们的顾虑所在,你从哪儿开始的?

向　飞：还是从他那心灵最软弱的地方开始。你说他有没有与其他人不一样的地方?肯定有。但是你说他有没有跟其他人一样的地方?他同样有。

记　者：你认为是什么?

向　飞：对亲情、对爱情……的这种渴望。

记　者：你怎么感觉到的呢?

向　飞："向飞姐,你别以为我们这样的人不懂爱情,我跟我老婆的感情,你是不懂的"。就这些所有的一切让你觉得,他身上有许多跟我们一样,只是,很……可能被一些重重的外壳给包起来了。

记　者：你是一个记者,你能帮助他什么?

向　飞：我觉得至少我可以告诉他,你的这些东西可以全部回来。用一种什么方式呢?用你自己投案自首的这种方式。而投案自首呢,很可怕吗?不可怕。因为你既然都想放弃生命了,难道你还怕自首吗?

主持人：向飞和辜海军的通话持续了13天,终于向飞等到了辜海军的最后决定。

向　　飞：应该是在大年初三的时候，他自己说，"向飞姐，我现在在火车站，我打算订票，到北京"。我说："你到北京干吗？""投案自首"，这是他自己说出来的。

记　　者：你听了这句话，当时？

向　　飞：特别的欣慰，真的特别欣慰，就是那种水到渠成，也不是特别意外。我觉得这就是一个时间长短的问题。

主持人：2月17日，在向飞的陪同下，辜海军投案自首。五天后，向飞通过电波讲述了辜海军的故事——《抉择》。

记　　者：这当中究竟是什么起了最重要的一个作用？

向　　飞：最重要的一个作用就是，他觉得，他还是一个可以挽救的人，他还可以成为一个有用的人。

记　　者：在你看来，作为一个这样的节目、作为这样一个节目的记者，最重要的是什么？

向　　飞：要对得起自己的受众，不管是听众也好，观众也好，读者也好。

记　　者：怎么就叫对得起呢？

向　　飞：不能够无视他们的存在，不能够轻视他们。听众给你的来信，我觉得只要是，在我回复的范围之内，肯定是要亲笔回复的。邮件，哪怕我只写两个字。

记　　者：这样一个简简单单的、哪怕只有两个字的回信，你觉得代表什么呢？

向　　飞：我觉得代表是，你，相信我；你，真诚地对我。我收到了，我也要真诚地对你，哪怕就只有两个字。就是这么简单。

练习一：听两遍录音后，选择正确答案

1. 向飞是怎样注意到那个罪犯发来的短信的？
2. 这条短信发到哪儿？
3. 向飞为什么把自己的手机号告诉了发短信的人？
4. 向飞说的罪犯"心灵最软弱的地方"指的是什么？
5. 作为一名记者，向飞对罪犯的帮助不包括下面哪一点？
6. 关于辜海军的最后决定，以下不正确的是哪一项？
7. 得知辜海军决定自首后，向飞的反应不包括以下哪一点？

8. 在辜海军决定投案自首的过程中最重要的因素是什么？

9. 在向飞看来，作为记者最重要的是什么？

10. 如何才能对得起自己的受众？

11. 向飞认为对于受众的来信要亲笔回复，这代表了什么？

参考答案

一、1. __C__ 2. __B__ 3. __C__ 4. __C__ 5. __D__ 6. __D__ 7. __B__
　　8. __B__ 9. __B__ 10. __D__ 11. __B__

第六单元

实况话题

第一段 家教与纳税

录音文本

新疆乌鲁木齐市地税局近期一项调查显示,全市大约有6000名教师从事家教。但是截至目前,是没有一个人主动到地税机关去申报纳税。来看一下今天出版的《中国税务报》。《中国税务报》就报道说,近年来,教师获取校外收入已经不是秘密了。甚至很多学校认为,教师在外面做家教,既可以补充学校教育力量的不足,又可以提高学校的升学率。因此很多学校呢,也默许老师出去做家教。在乌鲁木齐,从事家教的老师每人每月平均获取收入在2000到6000元不等。而文艺团体的艺术类家教的月平均收入超过5000元,有的甚至是高达上万元。但是教师获取校外收入比较隐蔽,家教收入一直是税务机关较难掌握、确认和监控的灰色收入,也是税务人员备感头疼的纳税的盲区。

练习二：听录音,判断下列句子的正误

1. 新疆乌鲁木齐市政府对教师从事家教的情况进行了调查。
2. 被调查的从事家教的老师没有一个主动纳税。
3. 目前教师有工资以外的收入已经完全公开。
4. 目前有些学校教育力量不足。
5. 教师从事家教对目前的教育没有好处。
6. 做艺术类家教和做一般家教赚钱差不多。

7. 家教收入的纳税问题已经由税务机关解决了。
8. 灰色收入是税务机关较难掌握、确认和监控的。

参考答案

一、1. 6000　2000　6000
　　2. 学校教育力量　学校的升学率　出去做家教
　　3. 隐蔽　灰色收入　盲区
二、1. ×　2. √　3. ×　4. √　5. ×　6. ×
　　7. ×　8. √

第二段　夫妻谈新居

录音文本

记者：您对您现在的这种住房状况还满意吗？
男：　我当然，第一是很高兴，第二是很……特别满意了。因为现在从平房搬到这上头来，我感到从心里宽敞。在外边工作，比如有点挫折什么的，到家一看，这房子，一进家，马上心里就痛快了。
女：　宽敞，他也舒畅了。我说回家一看这屋子，就心情舒畅，我说第二天影响……也不影响工作，绝对那什么。那天我们俩聊天儿还说呢。
男：　住着比较舒适，到单位干活都松心，都踏实。比如，房子原来住窄房子，一下雨了，我上着班我不踏实，我惦记着房子是不是漏了。
女：　说不好听的，上厕所还得打着伞，那伞又撑不开，那院儿又窄又撑不开，再上厕所，再上公厕。你回来屋里又没地儿，外边再漏，再下雨，屋里再漏。买煤受罪不说，安烟筒、拆烟筒，都得惦记着。你说这个我觉得这个省了一样儿。去年刚搬来，我说今年咱俩少干一件事，他说什么呀？我说你想想，没买煤。

练习一：听两遍录音后，选择正确答案

1. 下面哪一点不是这两个人住上新房后的感觉？

2. 这对夫妇住新房以后最明显的感觉是什么？
3. 关于原来的住房，下面哪种说法不正确？
4. 录音最后说的"没买煤"，可能指的是什么？

参考答案

一、1. B   2. C   3. B   4. C

第三段 手机与夫妻关系

录音文本

　　这个生活当中啊，还真的发生过这夫妻之间由于看了对方的手机而闹离婚的事情。记得几年前非常火暴的那个电影叫《手机》吗？之所以这么火暴，有社会学家分析呢，他说就是因为这个观众或多或少的，有找到了对号入座的感觉。这个翻看手机呀，可能只是引起不高兴，但是事情继续发展下去，恐怕就没那么简单了。

　　现代人离不开手机，所以如果查到几个月的通话记录的话，的确可以把这个人的行……行踪呢查一个底儿掉。好，那么对方会是什么反应呢？他如果真的会觉得这样不舒服的话他会怎么做呢？他当然会拒绝你翻看他的手机，那这又会引起什么样的后果呢？我们来看看，如果对方不同意或不情愿您翻看他的手机，您会——16%的男性会觉得对方肯定有事瞒着自己，32%的女性觉得对方肯定有事瞒着自己。你看这个女人啊，可能比男人更加敏感，也有人说女人爱吃醋，所以这个比例呢增加了整整一倍。还有63%的男性觉得理解对方，52%的女性也觉得理解对方。表示无所谓的男性21%，女性16%。但是，大家注意一下这个数字，就是觉得对方肯定有事瞒着自己的男性占到了一成六，女性三成二，这些情况可能就会给夫妻的关系造成伤害了。那夫妻之间您觉得怎么相处合适呢？再给您看一幅照片。您看啊，其实夫妻两个人啊，特别像是两只刺猬，需要彼此安慰，彼此抚慰。但是如果你靠得太……太近的话，那这个刺就有可能扎到对方。其实人还是需要一定的隐私的。电话这个事情呢，你翻看了无助于解决任何问题，但是有可能会伤害您的婚姻。

练习一：听两遍录音后，判断正误

1. 录音中夫妻闹离婚的原因是感情不和。
2. 电影《手机》火暴的原因是或多或少地反映了社会中存在的问题。
3. 翻看别人的手机只是引起别人的不高兴。
4. 人们可以通过查看手机记录，把一个人的行踪全部查清楚。
5. 被人翻看手机后会拒绝别人下次翻看。
6. 也有人觉得被别人翻看手机无所谓。

参考答案

一、1. ×　2. √　3. ×　4. √　5. √　6. √

二、

性别	比例	对对方不同意翻看自己手机的看法
男	16%	对方肯定有事瞒着自己
女	32%	
男	63%	理解对方
女	52%	
男	21%	无所谓
女	16%	

三、刺猬　彼此安慰　彼此抚慰　扎　隐私　无助于　伤害

第四段　残疾女孩儿——李欢

录音文本

李　欢：从我记事起我就记得，我那时候我就已经得病，我就记得父母不放弃一丝的希望，从我……我可以说，把西安的医院已经跑遍了。

母　亲：当时呢，确实我和她爸爸包括爷爷奶奶也面临这种突然的这种，就是

这种……这种打击呀，确实也茫然过，也确实可能也到了快绝望的地步。但是回过头来镇定下来以后，仔细想一想，孩子还要走自己的路，我们还得往前走。我们经过痛苦过后，我们又认真地思考，我们觉得这个孩子身体已经有病了，那么我们就不愿意让她成为一个身体又有病，心灵又有病的孩子。她小的时候一走路，"通"一下就摔倒了。但作为我，我们就完全可以去把她扶一下，但我们总觉得像她能够自己站起来的时候，我们觉得还是应该让她自己站起来。觉得家长去扶她一把的话，我觉得好像可能叫她老产生呢"呀，你来扶我一下吧"。所以说在她能够自己起来的情况下，就是再艰难我们都让她自己爬。

主持人：奶奶说啊就是你父母对你的教育啊挺严厉的，是不是这样的？

李　欢：嗯，就是的。像有一次啊我就是因为喝水呢，就从厨房出来不小心滑倒了。然后就是为了完成作业，我就自己把作业本够到地上，然后趴着写。回来了以后呢，我父母……我妈妈就非要让我自己爬起来。尽管很艰难，最后我还是一咬着牙爬起来了，爬起来后我满头都是汗。

主持人：那你就是对你父母这种做法呀，你觉得……你……你怎么看的？

李　欢：我觉得他们对我这样严厉也是很对的。因为像我呢跟一般的孩子不一样，我将要面对的是更大的困难。如果我连这么一点儿小困难小挫折都克服不了的话，那将来还怎么办？

主持人：面对这种残酷的现实，你还很坦然地来面对生活。你觉得是一种什么力量支撑着你，还是也和你的家庭教育有关呢？

李　欢：我觉得就是与我的家庭教育是很有关的。因为我从小呢，我的父母就……给予我……就把这些现实都慢慢地告诉我。我现在，我就觉得好像什么……没什么的。

主持人：你知道你的病情吗？

李　欢：嗯。我现在我都知道，我也知道将来会变成什么样子。

主持人：但你呢，就是你还能坦然地面对……面对生活。

练习二：听录音，判断下列句子的正误

1. 李欢的父母不愿意她成为身体和心灵都有病的人。
2. 李欢摔倒时她的父母赶紧把她扶起来，因为他们很爱自己的孩子。

3. 父母对她教育严厉是为了培养她的独立生活能力。
4. 李欢不理解父母对自己严厉的做法。
5. 李欢能够坦然地面对生活主要跟自己的性格有关。

练习三：再听两遍录音后，选择正确答案
1. 面对孩子得病的突然打击，家人最后的态度是怎样的？
2. 孩子摔倒时家长没有扶她一把，主要是因为什么？
3. 那次李欢为什么会趴在地上写作业？
4. 下面哪一点不是李欢对现实的态度？

参考答案

一、1. 李欢　西安
　　2. 打击　茫然　绝望　镇定　往前走
　　3. 残酷　坦然　家庭教育　现实　没什么
二、1. √　　2. ×　　3. √　　4. ×　　5. ×
三、1. C　　2. A　　3. C　　4. D

第五段　感　动

录音文本

主持人：那……在我们做这个正式进行节目之前呢，我想在现场做一个调查，我不知道我们今天在座的观众有多少人知道徐本禹的。举手示意给我好不好？只有少数的几个朋友不知道徐本禹，好，谢谢。那我再问一下知道徐本禹的朋友们啊，你们怎么看待徐本禹这个人，或者说你们有没有对……被徐本禹所感动？如果有的话，他的什么地方、哪些精神感动了你呢？

观众（1）：现在的大学生，应该说特别是从农村走到大城市的大学生，他们很多的情况下都是想到……到大城市里边去干一番自己的事业。而徐本禹老师呢，在这种条件下，他义无反顾地选择了去贵州这样一个贫困的山村。特别是在他考取研究生之后，还能够再回到山村，扎根在那里，认认真真地踏踏实实地工作了两年。所以我觉得这种事对一般人来讲是很难做到的，所以我觉得他的这种精神是深深地感动了我。

观众（2）：我是来自一名农村的、也是从农村走向城市的大学生嘛，所以说对农村情况我比较了解一点，就是说我也曾经看到过那些农村的孩子那些求知的那些目光，是吧。徐本禹老师呢，他……他又满足……他又给孩子们这种求知的欲望，还有他教会了他们很多知识。从这一点来说，他感动了他们当地那一片的……是吧，农民、孩子。那么我们就应该没有……没有理由来吝惜自己的一点儿眼泪。这就是我的想法。

观众（3）：徐本禹的事迹是挺感人，但是对于我来说可能还不是特别的感动。他也……当然他也做到了很多咱们普通人平凡人做不到的很多的东西。但是，毕竟他只在西部工作了两年。更多的人他们在那个地方是一辈子，就是化作西部的一山一水，或者一个不知名的石头，一直在那工作着。而徐本禹，我觉得算是一个幸运儿。

观众（4）：我觉得徐本禹老师确实非常感动我，我们是学校组织看的这个关于徐本禹老师的片子。那么在看到在从一个城市到农村这种差距令我们感动；那么从一个即将跨入研究生一个高材生，到默默执教于贵州贫困山区一个普普通通的老师，这让我们感动；那么看到坐在教室里的孩子，以及拿着课本教书的徐本禹老师，再看我们自己现在的生活和教我们的老师这种差距，又是一种感动。

练习二：听两遍录音后，判断下列句子的正误

1. 主持人让喜欢徐本禹的观众举手。
2. 徐本禹上大学前家住农村。
3. 徐本禹大学毕业后首先选择了去农村教书。
4. 徐本禹准备在农村工作一辈子。
5. 徐本禹继续在农村工作两年后将回城工作。
6. 徐本禹的事迹感动了很多人。
7. 第三个观众没有被徐本禹的事迹所打动。
8. 第三个观众觉得徐本禹做到这一步很不容易。
9. 第四个观众看过一个徐本禹演的电影。
10. 第四个观众看到徐本禹从城市到差距很大的农村工作很受感动。

练习三：根据录音内容，选择正确答案

1. 这四个观众的意见一致吗？
2. 下面哪一点在第一个观众的谈话中没有提到？
3. 下面哪一点在第二个观众的谈话中没有提到？
4. 下面哪一点不符合第三个观众的观点？
5. 下面哪一点不符合第四个观众的观点？

参考答案

一、1. 进行　现场　在座
　　2. 怎么看待　感动
　　3. 农村　城市　大城市

二、1. ×　2. √　3. √　4. ×　5. ×　6. √
　　7. ×　8. √　9. ×　10. √

三、1. C　2. B　3. D　4. A　5. C

第六段　父女之间

录音文本

父　亲：我知道琳琳成绩不好的时候，我心里会涌起这样一个想法：我的女儿怎么能答这么低的分？我立即就愤怒了，那可能……我就要……甚至要动手打她了。

主持人：您刚才用了一个"甚至"，我不知道您在生活中是不是打过她？

父　亲：打过。打得孩子很伤心。

主持人：除了在这个学习成绩上您对她有一些要求，那在其他方面还有没有什么，比如您看着不顺眼的地方？

父　亲：有啊，昨天晚上还在争论啊。我觉得孩子怎么能穿那么长的一条裤子？边儿还是飞……飞起来了。在我看来是颓废的事情。

主持人：那是一个什么样的裤子，您说？

父　　亲：牛仔裤，很长，边儿是飞的，拖着地。
母　　亲：毛边儿。
父　　亲：毛边儿。
主持人：哦，就弄成了毛边儿。
父　　亲：我觉得这个形象，不美，但是她觉得很美。
主持人：妈妈觉得美不美呢？
母　　亲：我也觉得不美。
主持人：在这一点上您和父亲的想法是一致的。
母　　亲：哎，哎。
主持人：除了……除了这个裤子呀，这个王先生还有什么不满意，对女儿？
父　　亲：我觉得她不刻苦。另外呢，她太任性。她不能为了将来获得更大的自由，牺牲目前的某些不自由。
主持人：什么样的……？
父　　亲：比如说，都快高考了，啊，高三了，她还要把小说包上皮儿，啊，上面写上："英语同步"。晚上在看"英语"……这个包皮儿的"英语同步"，实际上在看小说。有的时候，她要把灯关掉，点上一支小红蜡烛，这样呢泪水就流出来了。她要想事情，她要思念，她要把自己沉浸在一种情境中。那么这一……一……这一晚上，可能就没有念书。
主持人：哎，我们觉得也很美，这个情景。一个少女，对着一颗红蜡烛，在默默地流泪，这个场景很美呀。
父　　亲：是啊。我作为一个，假设她不是我的女儿，我感觉很美。但是她是我女儿，又有着前途问题，我就感觉很着急。
女　　儿：我觉得我爸爸有的时候，他总是希望我按他的模式去走。
主持人：是啊。你知道他是设计了一个什么样的模式？
女　　儿：他认为我应该是属于那种特别清高，特别优秀，就是反正是在所有的方面都做得特别特别的优秀那种，就是比别的人都要做得好。
主持人：就那孩子里的尖子，应该是这样。
女　　儿：对。因为他一直是这样。
主持人：你觉得对你这个要求高吗？
女　　儿：他就认为是响鼓得重槌敲。就他很少鼓励我。
主持人：那起码他还把你定义在一个响鼓上，就是认为你是一个可造就的。

女　儿：那有的时候太重了，容易敲漏了。

主持人：父亲好像说了一些，他的，就不理解啊。咱们从后往前说，比如说流行音乐，父亲觉得不太容易接受，希望你能喜欢一些严肃音乐。

女　儿：他认为那些就是成天就唱爱呀什么的，他觉得不应该这样。但是我认为爱嘛，是人间主题，这个谁唱都可以。而且，严肃音乐当然也应该听。但是我觉得，就是像比如现在我们高中生或者是初中生，暂时还无法去接受它。在冲突，就算相同的一个想法也得冲突一番，互相都不服，就小的就是……都不能再小了。有时候吵完了以后你自己想想，有时候想不出来开头是怎么回事。

主持人：你觉得他跟同事的关系，或者对别人家的孩子好不好呢？

女　儿：好。我经常特别嫉妒。他就可以去摸摸人家的女儿，人家的孩子。哎，这这这……他就对我就从来都没有。后来由于长时间不这样吧，他偶尔就是拉一下我的手，或者摸一下我脸，我觉得特不适应。

主持人：看见过父亲落泪的时候吗？

女　儿：看见过。

主持人：什么时候，那是？

女　儿：谈起我，有的时候，他……流泪。

主持人：我不知道你看到这个父亲流泪的时候是一个什么样的心情？

女　儿：实际上我也挺难受的。嗯，怎么说呢，平时气他归气他，但是他是我爸爸。有的时候看着他鬓角白了啊，心里挺难受的。

主持人：王先生是第一次听到这样的话吗？

父　亲：对，第一次听到。过去没有听到过。

母　亲：我也就是希望他们两个能够，确实就像刚才各位说的那样，应该是从心理上有互相换位的问题，互相理解。做父亲的应该理解女儿，女儿也应该确确实实应该理解父亲这个心。

练习二：听两遍录音后，选择正确答案

　　1. 在许多方面，父亲对女儿不满意，其中不包括下面哪一项？
　　2. 女儿穿了一条什么样的裤子？
　　3. 父亲觉得女儿的裤子怎么样？
　　4. 女儿为什么给小说包皮儿？

5. 女儿为什么要点蜡烛？
6. 父亲理想中的女儿是什么样子？
7. 女儿对父亲有什么不满意的？
8. 女儿对严肃音乐的看法是什么？
9. 女儿和父亲吵架后，想不出开头是怎么回事，这说明了什么？
10. 父亲对别人家的孩子好时，女儿有什么感觉？

练习三：听录音后，判断下列句子的正误

1. 父亲打完孩子后，自己心里很难过，很伤心。
2. 主持人觉得毛边儿裤子还可以，能接受。
3. 看到女儿点着蜡烛读小说，父亲觉得很美。
4. 父女俩如果有相同的看法，就不再吵架了。
5. 在这次节目中，父亲第一次听到女儿心底的感受。

参考答案

一、1. 谈起我
   2. 难受　气他归气他　难受
   3. 心理　换位　理解
二、1. D　 2. C　 3. B　 4. B　 5. A　 6. D　 7. B
   8. C　 9. D　 10. B
三、1. ×　 2. ×　 3. ×　 4. ×　 5. √

第七段　博士生与贫困

录音文本

主持人：2005年9月对于邱鹏来说是人生中的另一个新的起点，他成为了中国人民大学的博士生。这一天办理完入学报到手续后，他还有一件重要的事情要做。邱鹏打算往家乡湖北随州寄些钱，这笔钱，他并不是寄回自己家中，而是寄给了他资助的几个山区孩子。这件事他从2001年开始做起，已经坚持四年了。一千元钱在很多人眼里也许不是一个大数目，但对于还在上学的邱鹏来说，却是一笔不小的开销，因为他也来自于一个贫困家庭。

一边照顾家，一边复习，邱鹏依然顺利地考上了人大的研究生。与此同时，还有一件喜事在等着他，由他编著的三本图书已经获得出版，他得到了一笔不菲的稿酬。同时靠着大学四年的一些积蓄，他帮家中还完了13万元的外债，资助妹妹顺利完成了大学学业，而他自己也从中获得了一些感悟。

邱　鹏：有的时候，我会以贫困作为一面骄傲的旗帜，因为我在这样的条件下，我还做出了那么一些事情来。我使得我们的家庭，从它一组建开始就负债的状态，发生了一个翻天覆地的变化，我觉得我创造了这个转折。

主持人：看完了邱鹏的故事啊，我想每个人的心中呢，都会有一些感动。那么我们这期节目在播出之前呢，同样我们已经把部分的节目内容提前在网站上进行了公布。有不少热心的观众呢，给我们留下了他们的一些看法。下面我们就来连线一位河北的王先生。

王先生，您好！

王先生：喂，主持人您好！

主持人：您是怎样看待邱鹏这一段求学经历的呢？

王先生：这个看了邱鹏的故事，我挺感动的。现在呢，我们身边很多的大学生啊，每月的开销甚至超过了我们这些上班族，吃穿啊都讲究得很哪，相互攀比、追求名牌。所以说邱鹏啊，这种自强自立的精神，在今天的校园当中啊，很是难能可贵。拥有这样的品质呢，我想啊，他在将来呀，一定会获得更大的成功。

主持人：好的，谢谢您！

那么现在呢，我们再来看一下网上都有哪些网友给我们留言。这儿有一位名叫"感恩"的网友说："我是一名在校的贫困大学生，我一直回避谈论贫困这个话题，感觉挺自卑的，有些抬不起头。看了邱鹏的故事，我震撼了。从他身上，我学到了最为宝贵的一点，那就是他面对贫困的良好心态。这样的心态成就了他今天的成绩。"还有一位名叫"冬雪秋雨"的网友留言这样说道："每个人面对贫穷呢，都会有截然不同的反应，有人或许就此消沉，有人或许会积极面对、努力去改变。邱鹏在面对贫困的时候，就选择了后者，所以呢，他改变了自己的命运。"

练习一：听两遍录音后，选择正确答案

1. 邱鹏为什么要资助贫困山区的孩子？
2. 邱鹏的钱是从哪儿来的？
3. 邱鹏通过努力改变了许多事情，其中不包括下面哪一件事？
4. 看了邱鹏的故事，王先生为什么感动？
5. 名叫"感恩"的网友认为是什么使邱鹏取得了今天的成绩？

练习二：听录音后，判断下列句子的正误

1. 邱鹏从2005年开始资助贫困山区的孩子。
2. 考上博士的那天，邱鹏没把钱寄给家里，而是寄给了山区贫困的孩子。
3. 邱鹏的家因为要供他和妹妹上学才出现负债的情况。
4. 王先生认为很多上班族太讲究吃穿，互相攀比、追求名牌。
5. 名叫"冬雪秋雨"的网友认为面对贫困每个人都会积极地面对，努力去改变它。

参考答案

一、1. D　2. A　3. B　4. D　5. B
二、1. ×　2. √　3. ×　4. ×　5. ×

第八段　误读中国

录音文本

嘉宾（1）：中国的误读实在是很多，千奇百怪的。关键不是罗列这些误读，而是从误读中找到某种道理或者规律。应该说这种误读古已有之。比如

说，马可·波罗时代，他们那一代旅行家回到欧洲以后，把中国形容成人间乐园，说大汗的权力无边，中国有10000座城市，杭州有10000座桥。啊，这类故事很多。那么，我们可以看到他们的误读实际上只有两类。一类是把中国美化的误读，就是善意的美化的误读；那还有另外一种类型，就是恶意的丑化的。那比如说这个英国的访华使团、这个玛噶尔尼使团到中国来以后回去以后爆炒中国印象。啊，那么，他们说中国衰败、野蛮，中国这个……这个无商不奸，无民不盗，无官不贪。所以他们总是把中国非常夸张、漫画化。那就是两个极端。

主持人：消除中西方之间的误读，似乎也不是一件太困难的事啊。我请教一下赵先生。您刚才建议说，多请一些中国人，多和中国人合作，啊，来编写词条儿就更准确一些。那如果说我们常常问一下中国人你们真实的情况究竟如何，那这个问题是不是就很好解决，就像是一层这个窗户纸，一捅就破。是不是这么简单的一件事？

嘉宾（2）：没那么简单。因为呢有一个文化差异。首先是语言的不同。虽然说很多人英文很好，中文很好，中英文都很好。但是，中英的思维方法，以及词汇的对应呢不是很准的。中文词汇比如说是这样一个内涵，英文词汇这样一个内涵，搭一点儿边儿，到译的时候呢有多样性，因此呢就出现不同的翻译版。但是现在中国啊，问题就简单一些。但是如果，刚才说到戏剧，或文学，那就会有很大差异，那哲学就更难翻译。

主持人：如果您不同意我的比喻，说就是薄薄的一层窗户纸一捅就破，您觉得这项工作像什么呢？

嘉宾（2）：我觉得是一个比较的研究。也就是说呢，你必须知道两边的情况，才能比较正确地表达。如果你不知道外国的情况，你在介绍中国的时候，也会不准确，最好两边都知道。所以，不是一层窗户纸，是很长的历程。

主持人：似乎是一座山，隔在需要了解的双方面前。

嘉宾（2）：当然可以做隧道，可以做登山公路，比较艰苦。

练习二：听两遍录音后，选择正确答案

1. 第一位嘉宾对马可·波罗有什么看法？
2. 主持人提出编写词条儿，即编写词典的问题，你觉得他们编写的可能是什么词典？
3. 主持人认为编写这样的词典，应注意的问题中不包括哪一点？
4. 英汉翻译时为什么会出现不同的翻译结果？
5. 第二位嘉宾认为怎样能解决误读中国的问题？
6. 关于消除中西方误读的问题，下面哪一点不是第二位嘉宾的观点？
7. 关于"隧道"和"登山公路"的比喻说明什么问题？

参考答案

一、1. 善意　美化　恶意　丑化

　　2. 衰败　野蛮　夸张　漫画化

　　3. 比较　历程

二、1. B　　2. B　　3. B　　4. D　　5. C　　6. B　　7. D